ENTIENDE LAS MATEMÁTICAS DE SECUNDARIA CON ACADEMIA ALDEA

y aprueba con buenas notas 3º y 4º de la ESO

Álvaro de la Aldea Martín

ENTIENDE LAS
MATEMÁTICAS
DE SECUNDARIA
CON

Y APRUEBA CON BUENAS NOTAS
3º Y 4º DE LA ESO

ÁLVARO DE LA ALDEA MARTÍN

bubok
EDITORIAL

© Álvaro de la Aldea Martín
© Entiende las matemáticas de secundaria con Academia Aldea
   y aprueba con buenas notas 3º y 4º de la ESO

Septiembre 2024

ISBN papel: 978-84-685-8370-9
ISBN PDF: 978-84-685-8369-3
ISBN ePub: 978-84-685-8371-6

Editado por Bubok Publishing S.L.
equipo@bubok.com
Tel: 912904490
Paseo de las Delicias, 23
28045 Madrid

Índice

DEDICATORIA

Este libro va dedicado a mi familia, padres, hermanos, mujer e hijos, así como a todos mis alumnos; los que han estado y los que estarán cada curso estudiando matemáticas.

A todos aquellos que buscan la verdad y el conocimiento, recordando siempre las sabias palabras de Sócrates: *'La verdadera sabiduría está en reconocer la propia ignorancia.'*

AGRADECIMIENTOS

Quiero agradecer la edición de este libro a todas las personas que están a mi lado, mi mujer Leticia que siempre me anima a seguir con el proyecto de mi academia, mi madre que siempre me escucha todas mis quejas que no son pocas, mi padre que me acompaña con este proyecto ayudándome en la publicidad de la Academia, mis hermanos que comparten todos los momentos de mi día a día, mis compañeras de trabajo, sin ellas la academia estaría vacía. A mis hijos Diana y Daniel que hacen que no me rinda nunca, y por supuesto a mis alumnos; a todos ellos les estoy agradecido.

"La gratitud es el signo de las almas nobles."
Aristóteles

PRÓLOGO

Esto no es solo un libro de ejercicios para que el alumno practique, también incluye una detallada y práctica guía de los pasos que debe seguir un alumno para poder ejecutar con precisión y elegancia cada uno de los ejercicios que se encontrará en 3º y 4º de Secundaria.

Esta guía está basada en mi experiencia personal de más de 10 años dando clase a alumnos con dificultades en las matemáticas. Año tras año he ido observando los detalles e imprecisiones que suelen tener los alumnos. En cada tema de este libro he hecho hincapié y he resaltado como resolver cada ejercicio.

Es una guía práctica donde se verá la manera de trabajar en cada una de las principales áreas de las matemáticas.

"No hay viento favorable para el que no sabe a qué puerto se dirige."

Séneca

INTRODUCCIÓN

El propósito de este libro es que el alumno pueda saber hacer todos y cada uno de los ejercicios que le manden sus profesores en sus respectivos centros de enseñanza, dando caminos de ejecución lo más prácticos, claros y sencillos posibles.

Este libro contiene todos los bloques de 3º y 4º de la ESO, donde cada tema tiene varias partes bien diferenciadas.

La primera parte entra dentro del campo de la historia de las matemáticas. Donde el lector puede aprender y despertar su curiosidad con datos históricos acerca del tema a tratar.

La segunda parte es la explicación minuciosa de cómo se ejecutan cada uno de los ejercicios que se dan en secundaria. Con ejemplos desarrollados.

La última parte es un conjunto de ejercicios, en los que en la mayoría de los casos se aportará la solución para que el lector pueda practicarlos y saber si el resultado coincide con el del libro.

"Las matemáticas no son una carrera de velocidad, sino una maratón."

Paul Erdős

RECTA DE LOS NÚMEROS REALES
Y CONJUNTOS NUMÉRICOS

DATO HISTÓRICO NÚMEROS REALES
"Wilhelm Richard Dedekind"

Uno de los grandes matemáticos que hizo avances en la introducción de la recta de los números reales en las matemáticas fue un matemático alemán llamado Wilhelm Richard Dedekind que nació en 1831 y murió en 1916.

Fue pionero en la axiomatización aritmética que consiste en el proceso de definir la aritmética utilizando un conjunto básico de principios fundamentales. Este enfoque busca proporcionar una base rigurosa y lógica para la teoría de los números, eliminando cualquier ambigüedad y asegurando la consistencia de las matemáticas. Gracias a Dedekind se ha podido crear los diferentes conjuntos de números.

La recta de los números reales es el lugar donde se pueden representar el conjunto de números que se estudian en la asignatura de matemáticas:

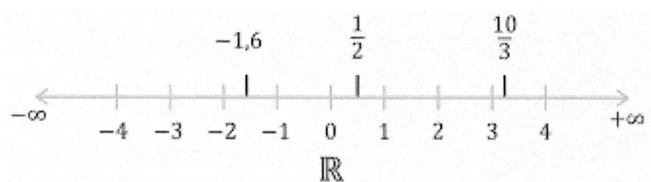

Son categorías en las que se agrupan los números según sus características y propiedades. Aquí tienes una lista de los principales conjuntos numéricos:

Números naturales $\mathbb{N}$:

Incluyen los números positivos sin fracciones ni decimales.

Ejemplos: 1,2,3,4,...

También se incluye el cero: 0,1,2,3,...

Números enteros $\mathbb{Z}$:

Incluyen los números naturales, sus negativos y el cero.

Ejemplos: ...,−3,−2,−1,0,1,2,3,...

Números racionales $\mathbb{Q}$:

Incluyen todos los números que se pueden expresar como el cociente de dos enteros, donde el denominador no es cero.

Ejemplos: $1/2$, $2/3$, 0'34....

Números irracionales $\mathbb{I}$:

Incluyen los números que no se pueden expresar como el cociente de dos enteros.

Ejemplos: $\pi, e\ \sqrt{2}$....

Números reales $\mathbb{R}$:

Incluyen todos los números racionales e irracionales.

Ejemplos: −3,0,1.5,2,π-3, 0, 1.5, $\pi, e\ \sqrt{2}$ $1/2$, $2/3$, 0'34....

Números complejos $\mathbb{C}$: Incluyen todos los números de la forma a+bi, donde a y b son números reales e i es la unidad imaginaria ($i^2=−1$)

Ejemplos: 3+4i, −2−5i, 0+2i, 3 + 4i.

Estos conjuntos se pueden visualizar de la siguiente manera, en términos de inclusión N⊂Z⊂Q⊂R⊂C.

RACIONALES — ENTEROS — NATURALES

COMPLEJOS — REALES

IRRACIONALES

Intervalos en la recta de los números reales

Hay tres maneras de representar un intervalo en matemáticas:

Con paréntesis y corchetes:

Dentro del intervalo hay que observar si el número del intervalo está incluido o no en el intervalo, en caso de que esté incluido será corchete, si no es así será paréntesis.

Con los signos de desigualdad $(<,> \leq, \geq)$

Gráficamente

Se pondrán dos ejemplos de un intervalo con las distintas formas:

Ejemplo 1:

Con paréntesis: [-1,5)

Con desigualdades: $-1 \leq x < 5$

Gráficamente:

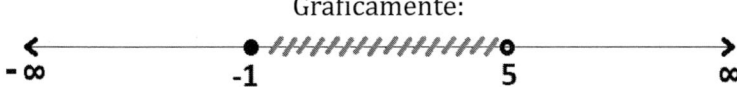

Ejemplo 2:

Con paréntesis: $[-\infty,5)$

Con desigualdades: $x < 5$

Gráficamente:

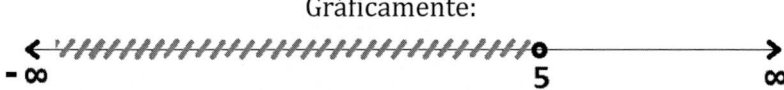

Ejercicios propuestos para repasar:

Ejercicio 1: Identificar y Graficar Intervalos

Representa en la recta numérica los siguientes intervalos:

$(-3,5)$

$[0,2]$

$(-\infty,4)$

$(1,\infty)$

¿Cuáles son los números reales que pertenecen al intervalo $[-2,3]$?

Ejercicio 2: Operaciones con Intervalos

Calcula la intersección de los intervalos $[-3,2]$ y $[0,4]$.

Encuentra la unión de los intervalos $(-\infty,-1)$ y $(0,\infty)$.

Determina el complemento del intervalo $[-2,3]$ en la recta numérica.

Ejercicio 3: Problemas Prácticos

Un termómetro registra temperaturas entre -10 y 40 grados Celsius. ¿Qué intervalo representa todas las temperaturas registradas?

Una tienda ofrece un descuento del 30% en artículos con precios entre 50 € y 100 €. ¿Cuál es el intervalo de precios de los artículos que tienen descuento?

ERROR ABSOLUTO Y RELATIVO

DATO HISTÓRICO ERRORES "Carl Friedrich Gauss"

Uno de los más grandes matemáticos de la historia fue el alemán Carl Friedrich Gauss que nació en 1777 y murió en 1855, desarrollando un método matemático para analizar los errores, su trabajo fue el método de mínimos cuadrados, que se aprenderá en bachillerato, así como muchos aportes en física como el flujo eléctrico o en matemáticas como el algebra lineal.

Gauss fue un niño prodigio, una de las anécdotas más famosas fue cuando un profesor para tener a toda la clase entretenida les pidió que sumaran todos los números consecutivos del 1 al 100, a la edad que tenía Gauss, era muy difícil que este niño llegara a la siguiente conclusión:

$$1,2,3,4,5,6, \dots , 95,96,97,98,99,100$$

El vio que si sumaba el 1 con el 100 daba 101, el 2 con el 99 también, el 3 con el 98 también. Si iba emparejando todos los números, daban todas las sumas 101, como se formaban 50 parejas, ¡Bingo! 50·101 = 5050.

El error absoluto de medida es la diferencia entre el valor real de la medida y el valor medido, se muestra siempre en valor absoluto |x| ya que representa la cantidad de error que se ha cometido.

$$Eabs = |Valor\ hallado - Valor\ Real|$$

El error relativo es el que nos indica el porcentaje de error que se tiene en la medida, este valor sirve perfectamente para comparar los errores cometidos por las diferentes personas que han realizado la medida. Se calcula como el cociente entre el Eabsoluto y el valor real de la medida, se puede expresar en tanto por 1 o en tanto por ciento "%".

$$Erela = \frac{Eabs}{Valor\ Real}$$

$$Erela = \frac{Eabs}{Valor\ Real} \cdot 100\ \%$$

Ejemplo:

Manuel mide la habitación de su cuarto con un metro, dando un resultado de 5,8 m, sabiendo que la medida real de la habitación es 6,1 m. ¿Qué Error absoluto y relativo ha cometido Manuel?

$$Eabs = |5{,}8 - 6{,}1| = 0{,}3$$

$$Erela = \frac{0{,}3}{6{,}1} = 0{,}049$$

$$Erela = \frac{0{,}3}{6{,}1} \cdot 100 = 4{,}9\ \%$$

Javier que es ingeniero de caminos ha medido la distancia entre el parque y su casa es de 5850 m, siendo la distancia real de 5853 m. Calcula los errores de Javier e identifica quién ha cometido más error.

$$Eabs = |5850 - 5853| = 3$$

$$Erela = \frac{3}{5850} = 0{,}0005$$

$$Erela = \frac{3}{5850} \cdot 100 = 0{,}05\ \%$$

Se puede observar cómo, aunque el error absoluto de Javier es mucho mayor, el error relativo de Javier es mucho menor, esto indica que Javier tiene mucha más precisión en su medida que Manuel.

Ejercicios para practicar Errores:

1. Medida de una longitud: La longitud de una mesa se mide como 2,55 metros, con una medida real de 2,50 metros. Calcula el error absoluto y el error relativo.

2. Medida de una masa: La masa de un objeto se mide como 1.02 kg, con una medida real de 1,00 kg. Calcula el error absoluto y el error relativo.

3. Medida de un tiempo: Un cronómetro marca 10,5 segundos, pero el tiempo real es 10,1 segundos. Calcula el error absoluto y el error relativo.

4. Medida de una temperatura: La temperatura de un horno se mide como 200 ºC, pero la temperatura real es 195ºC. Calcula el error absoluto y el error relativo.

5. Medida de una velocidad: La velocidad de un coche se mide como 80 km/h, pero la velocidad real es 78 km/h. Calcula el error absoluto y el error relativo.

6. Medida de una presión: La presión de un gas se mide como 101,510 kPa, pero la presión real es 100,100 kPa. Calcula el error absoluto y el error relativo.

Soluciones:

1. Error absoluto: 0.050 metros, Error relativo: 0.02 (2%)

2. Error absoluto: 0.02 kg, Error relativo: 0.02 (2%)

3. Error absoluto: 0.50 segundos, Error relativo: 0.05 (5%)

4. Error absoluto: 5 grados Celsius, Error relativo: 0.02560 (2.56%)

5. Error absoluto: 2 km/h, Error relativo: 0.0256 (2.56%)

6. Error absoluto: 1.51 kPa, Error relativo: 0.015 (1.5%)

NOTACIÓN CIENTÍFICA

DATO HISTÓRICO NOTACIÓN CIENTÍFICA "
Arquímedes de Siracusa":

Uno de los primeros científicos que usó la notación científica fue Arquímedes en su obra "El Arenario" no lo hacía exactamente como se hace actualmente, pero fue el origen de esta notación.

Arquímedes de Siracusa nació en el 287 a.C. y murió en el 212 a.C. fue un físico, ingeniero, inventor, astrónomo y matemático griego.

Una de las anécdotas más mencionadas de Arquímedes es cuando el rey Hierón II sospechaba que un orfebre le estaba engañando usando plata en vez de oro. Arquímedes estudió el caso, mientras se bañaba descubrió que el agua al sumergirse subía de nivel, él se dio cuenta que podía medir el volumen de un cuerpo según el agua que desalojaba, encontrando así la propiedad de la densidad. Salió corriendo por las calles de Siracusa gritando ¡Eureka! Que significa ¡Lo he logrado!

La expresión de un número en notación científica es la representación de dicho número en potencias de base diez, haciendo así que se puedan escribir números de una manera más sencilla, sobre todo números muy grandes, así como números muy pequeños.

Siempre que se escriba un número en notación científica, se pondrá la primera cifra distinta de 0 y después la coma con el resto de números.

Ejemplo:

$$7.855.000 = 7'855 \cdot 10^6$$

Se pone el 7 como primera cifra, después la coma y la potencia de 10, en este caso el orden es 6, ya que eran millones, se puede contar que desde el 0 más a la derecha hasta el 7 hay 6 saltos de la coma.

$$0'00345 = 3'45 \cdot 10^{-3}$$

En este caso se procede de la misma manera, pero ahora el salto de la coma es hacia la derecha tres lugares, cuando es un número menor que 0 y se moverá la coma hacia la derecha el exponente del diez es negativo.

Se debe saber cómo sumar y restar números en notación científicas, así como la multiplicación y la división.

Ejemplos de suma y resta:

$$5'25 \cdot 10^5 + 3'47 \cdot 10^3 - 9'8 \cdot 10^4$$

Se debe poner todos los números con la misma notación, para ello se debe mover la coma, eligiendo para este ejemplo el exponente: 5 4 o 3. En este ejemplo se elegirá el 3.

$$525 \cdot 10^3 + 3'47 \cdot 10^3 - 98 \cdot 10^3$$

Ahora simplemente se suman las cifras delante de la potencia:

$$(525 + 3'47 - 98) \cdot 10^3 = 430'47 \cdot 10^5$$

Finalmente se moverá la coma y se pondrá con una sola cifra delante de la coma, como debe hacerse:

$$(525 + 3'47 - 98) \cdot 10^3 = 4'3047 \cdot 10^5$$

Ejemplos de multiplicación y división:

$$7'3 \cdot 10^3 \cdot 4'8 \cdot 10^{-5} : 2'3 \cdot 10^2$$

Se multiplican los números por un lado y se aplican las propiedades de las potencias con los números en base 10.

$$(7'3 \cdot 4,8 : 2'3) \cdot 10^3 \cdot 10^{-5} : 10^2 = 15'2348 \cdot 10^{-4}$$

Finalmente se moverá la coma y se pondrá con una sola cifra delante de la coma, como debe hacerse:

$$1'52348 \cdot 10^{-3}$$

Ejercicios de Notación científica, sumas y restas:

$$7'15 \cdot 10^3 + 4'67 \cdot 10^2 - 3'67 \cdot 10^3 + 1'68 \cdot 10^2$$

$$2'15 \cdot 10^{-3} + 3'17 \cdot 10^{-2} - 4'37 \cdot 10^{-3} + 3'49 \cdot 10^{-2}$$

$$8'19 \cdot 10^9 + 2'37 \cdot 10^{10} - 3'98 \cdot 10^8 - 2'68 \cdot 10^8$$

$$2'15 \cdot 10^5 + 3'69 \cdot 10^4 - 8'67 \cdot 10^6 + 1'68 \cdot 10^5$$

$$5'13 \cdot 10^3 - 34'67 \cdot 10^2 - 283'9 + 1'68 \cdot 10^2$$

Ejercicios de Notación científica, multiplicación y división:

$$7'15 \cdot 10^3 \cdot 4'67 \cdot 10^2 : 3'67 \cdot 10^3 \cdot 1'68 \cdot 10^2$$

$$2'15 \cdot 10^{-3} \cdot 3'17 \cdot 10^{-2} : 4'37 \cdot 10^{-3} \cdot 3'49 \cdot 10^{-2}$$

$$8'19 \cdot 10^9 \cdot 2'37 \cdot 10^{10} : 3'98 \cdot 10^8 \cdot 2'68 \cdot 10^8$$

$$2'15 \cdot 10^5 \cdot 3'69 \cdot 10^4 \cdot 8'67 \cdot 10^6 : 1'68 \cdot 10^5$$

$$5'13 \cdot 10^3 : 34'67 \cdot 10^2 : 283'9 \cdot 1'68 \cdot 10^2$$

NÚMEROS RACIONALES

DATO HISTÓRICO NOTACIÓN NÚMEROS RACIONALES
"Leonhard Euler":

Uno de los matemáticos más importantes que hizo avances con los números racionales fue el Suizo-Ruso Leonhard Euler que nació en 1707 y murió en 1783, trabajó en la teoría de los números, teoría de funciones y álgebra, proporcionando métodos y resultados que influenciaron el estudio de los números racionales.

Durante su vida Euler perdió un ojo por enfermedad, aun así continuó trabajando, consiguiendo varios logros, era una persona que tenía muchísima fe cristiana, lo que le llevó a discutir en la corte de rusia de Catalina II, con Diderot un francés que estaba en contra de la existencia de Dios, Euler respondió a Diderot: "Señor Diderot, (pausa) ¡2 más 2 son 4, y eso es todo lo que sé!" con esta respuesta en aquella época demostraba certeza, firmeza y determinación, que apoyaban la existencia de Dios.

Para realizar los siguientes ejercicios es necesario saber obtener el mínimo común múltiplo.

Se realizará un ejemplo de los diferentes ejercicios y después se facilitarán múltiples ejercicios para que el alumno pueda practicar en su casa.

Ejemplo:

$$\frac{2}{3} + \frac{1}{6} - \frac{8}{9} =$$

1/ Se realizará el mínimo común múltiplo (m.c.m.) para ello se factorizarán los denominadores.

$3 = 3$

$6 = 2 \cdot 3$

$9 = 3^2$

De todos los factores se toman los comunes de mayor exponente y los no comunes.

m.c.m. $= 3^2 \cdot 2 = 18$

2/ Se toma este denominador y fracción por fracción se divide por el denominador y se multiplica por el numerador, se dividirá 18 entre 3 y se multiplicará por 2, en el caso de la primera fracción y así sucesivamente.

$$\frac{12}{18} + \frac{3}{18} - \frac{16}{18}$$

3/ Una vez obtenido el denominador común, se tendrá que operar las fracciones:

$$\frac{12 + 3 - 16}{18} = \frac{-1}{18}$$

El saber obtener el m.c.m. nos serviría también para resolver ejercicios donde se tenga que comparar fracciones.

Realizaré un ejemplo más largo y después propondré ejercicios con los que podréis ir practicando.

$$\left(\frac{3}{6} + \frac{2}{18} - \frac{1}{2}\right) - \left[\left(\frac{2}{3} - \frac{1}{4} \cdot \frac{5}{2}\right) : \left(\frac{1}{2} + 3\right)\right] =$$

Se tendrá que tener cuidado con la jerarquía de operaciones (Primero paréntesis, luego multiplicar y dividir y finalmente sumas y restas), no se puede hacer el m.c.m. sí hay una multiplicación o una división.

$$\left(\frac{9}{18} + \frac{2}{18} - \frac{9}{18}\right) - \left[\left(\frac{2}{3} - \frac{1}{4} \cdot \frac{5}{2}\right) : \left(\frac{1}{2} + \frac{6}{2}\right)\right] =$$

$$\left(\frac{9 + 2 - 9}{18}\right) - \left[\left(\frac{2}{3} - \frac{5}{8}\right) : \left(\frac{1 + 6}{2}\right)\right] =$$

$$\left(\frac{2}{18}\right) - \left[\left(\frac{16}{24} - \frac{15}{24}\right) : \left(\frac{7}{2}\right)\right] =$$

$$\left(\frac{2}{18}\right) - \left[\left(\frac{1}{24}\right) : \left(\frac{7}{2}\right)\right] =$$

$$\overline{\left(\frac{2}{18}\right)-\left[\left(\frac{2}{168}\right)\right]}=$$

$$\overline{\frac{2}{18}-\frac{2}{168}}=\frac{56}{504}-\frac{6}{504}=\frac{50}{504}=\frac{25}{252}$$

Ejercicios propuestos para repasar:

1

$$\overline{\left(\frac{1}{3}+\frac{2}{6}-\frac{1}{5}\right)-\left[\left(\frac{2}{3}-\frac{1}{2}\cdot\frac{7}{2}\right):\left(\frac{1}{2}-5\right)\right]}=$$

2

$$\overline{\left(\frac{1}{3}-\frac{2}{6}-\frac{1}{5}\right)+\left[\left(\frac{2}{3}\cdot\frac{1}{2}+\frac{7}{2}\cdot\frac{4}{14}\right):\left(\frac{1}{2}-\frac{5}{3}\right)\right]}=$$

3

$$\overline{\left(\frac{2}{3}+\frac{1}{6}:\frac{2}{5}\right)+\left[\left(\frac{2}{9}-\frac{3}{18}+\frac{1}{5}\right)\cdot\frac{1}{3}:\left(\frac{1}{2}-\frac{4}{3}\right)\right]}=$$

4

$$\overline{\left(\frac{1}{3}+\frac{1}{4}:\frac{1}{3}\right)+\left[\left(\frac{1}{9}-6+\frac{1}{2}\right)\cdot\frac{1}{2}:\left(\frac{1}{2}-\frac{3}{5}\right)\right]}=$$

5

$$\overline{\left(\frac{2}{5}+\frac{1}{3}\right)^2-\left[\left(\frac{2}{3}-\frac{1}{2}\cdot\frac{7}{2}\right):\left(\frac{1}{2}-5\right)^{-2}\right]}=$$

6

$$\frac{\dfrac{3}{5}+\dfrac{1}{3}\cdot\dfrac{2}{6}}{\dfrac{1}{3}-\dfrac{4}{7}\cdot\dfrac{1}{5}}=$$

7

$$\frac{\dfrac{2}{3}+\dfrac{1}{3}\cdot\dfrac{5}{7}}{\dfrac{1}{3}-\dfrac{2}{7}\cdot\dfrac{1}{3}}=$$

COMPARAR FRACCIONES

Para comparar fracciones y ordenar las fracciones de mayor a menor, se debe obtener el mínimo común múltiplo y observando el numerador, se podrá saber cuál de las fracciones es la mayor.

Ejemplo:

$$\frac{7}{2}, \frac{3}{10}, \frac{2}{5}, \frac{4}{3}$$

Se obtiene el m.c.m.: 30

$$\frac{105}{30}, \frac{9}{30}, \frac{12}{30}, \frac{40}{30}$$

Se ordena de mayor a menor o viceversa, según me demanden en el enunciado del ejercicio:

$$\frac{7}{2} > \frac{4}{3} > \frac{2}{5} > \frac{3}{10}$$

PASAR DE NÚMERO DECIMAL A FRACCIÓN

Se tiene que distinguir entre dos tipos, decimal exacto y decimal periódico:

Decimal exacto

Se explicará cómo se obtiene una fracción a partir de un número decimal exacto, se ve en el siguiente ejemplo :

$$5'25$$

Se formará una fracción poniendo en el numerador el número sin la coma, en el denominador se pondrá un número que será potencia de 10 con tantos ceros como decimales tenga el numerador, posteriormente se simplifica la fracción:

$$\frac{525}{100} \longrightarrow \frac{21}{4}$$

Decimal periódico

Un número decimal periódico es aquel en el que la parte decimal se repite.

Dentro del segundo grupo citado está el periódico puro y el periódico mixto.

Periódico puro:

$$N = 1'36363636 \ldots o\ N = 1'\widehat{36}$$

$$N = 1'\widehat{36}$$

Se contarán las cifras del número periódico, en nuestro ejemplo son 2, y se multiplicarán los dos lados de la ecuación por 100, si fueran 3 por 1000, tantos ceros como cifras tenga el número periódico.

$$N = 1'\widehat{36}$$

$$100 \cdot N = 100 \cdot 1'\widehat{36} - \longrightarrow 100N = 136'\widehat{36}$$

Se restarán ambas ecuaciones:

$$100N - N = 136'\widehat{36} - 1'\widehat{36}$$

$$99N = 135$$

Despejando la ecuación:

$$N = \frac{135}{99} = \frac{15}{11}$$

Periódico mixto: tiene cifras decimales que no se repiten llamadas anteperiodo.

$$N = 1'24363636\ldots o\ N = 1'24\widehat{36}$$

$$N = 1'24\widehat{36}$$

Se contarán las cifras del anteperiodo, en nuestro ejemplo son 2, y se multiplicarán los dos lados de la ecuación por 100, si fueran 3 por 1000, tantos ceros como cifras tenga el anteperiodo.

$$N = 1'24\widehat{36}$$

$$100 \cdot N = 100 \cdot 1'24\widehat{36} - -\rightarrow \mathbf{100N = 124'\widehat{36}}$$

Ahora se formará una tercera igualdad, se contarán las cifras del periodo que se repite, en este ejemplo don 2, se multiplicarán ambos lados por 100:

$$\mathbf{100N = 124'\widehat{36}}$$

$$100 \cdot 100N = 100 \cdot 124'\widehat{36} - -\rightarrow \mathbf{10000N = 12436'\widehat{36}}$$

Se restarán ambas ecuaciones:

$$10000N - 100N = 12436'\widehat{36} - 124'\widehat{36}$$

$$9900N = 12312$$

Despejando la ecuación:

$$N = \frac{12312}{9900} = \frac{342}{275}$$

Ejercicios propuestos para repasar fracciones:

1 Ordena de menor a mayor las siguientes fracciones:

$$\frac{2}{5}, \frac{3}{4}, \frac{1}{2}, \frac{5}{6}, \frac{8}{12}, \frac{9}{15}$$

2 Ordena de mayor a menor las siguientes fracciones:

$$\frac{12}{5}, \frac{13}{9}, \frac{10}{3}, \frac{6}{9}, \frac{11}{8}, \frac{20}{6}$$

3 Pasar de número decimal a fracción:

N = 2'83

N = 1'333....

N = 2'45454545....

N = 5'21212121....

N = 2'99999......

N = 3'24777777....

N = 2'88323232....

N = 5'2488888....

REPRESENTACIÓN FRACCIONES

Si se quiere representar una fracción en la recta de los números reales, se necesitará una regla, se seguirá el procedimiento que se indica a continuación con el correspondiente ejemplo:

Dibujando la recta de los números reales con el intervalo donde está nuestra fracción:

Dibujando una recta a partir del 0, en este ejemplo se representarán las fracciones siguientes: 1/4, 2/4 y 3/4.

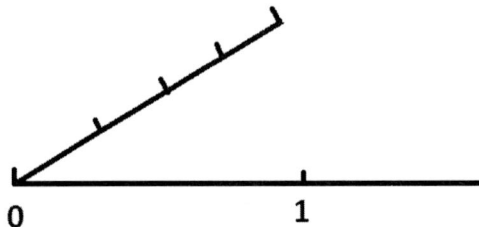

Después de dividirlo en 4 partes, las que indica el numerador, se unirá el último punto con el valor 1, el número final del intervalo.

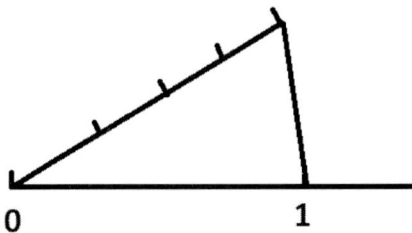

El siguiente paso es trazar paralelas al segmento que une el 1 con el último punto de la recta:

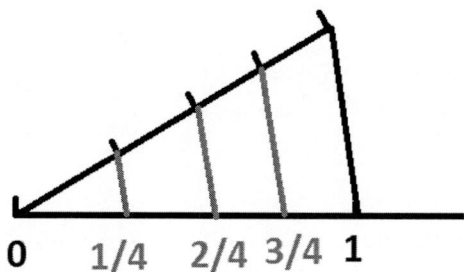

En Rojo se pueden observar los resultados.

PROBLEMAS CON FRACCIONES

Para la realización de problemas con fracciones hay que entender el concepto de fracción explicado en cursos anteriores. Saber diferenciar quien es el total, quien es la parte y quien la fracción.

$$TOTAL \cdot FRACCIÓN = PARTE$$

Si se tiene un total y se quiere calcular la parte del total, hay que multiplicar por el numerador y dividir por el denominador, dando origen a la parte que se quiere calcular.

En un ejemplo se ve claramente; se tienen 252 € y se quiere calcular 2/3 de esa cantidad:

$$252 \cdot \frac{2}{3} = 168$$

2/3 de esa cantidad serán 168 €. Es un cálculo muy básico, pero hay que saber que la fracción que queda sería de 1/3, Ya que la parte total representa la parte entera de lo que yo calculo, por lo que, si tomo 2/3, me quedará 1/3.

Parte entera que son los 252 €. Se ha dividido en 3 partes y he tomado 2, me quedará 1 parte.

84	84	84

2/3 :

84	84

1/3:

84

Si se aplica este conocimiento en los problemas con fracciones, se podrán ejecutar estos problemas sin mayor dificultad, entendiendo bien la narrativa y el contexto del problema.

Es necesario saber que cuando se quiere conocer la parte, se multiplica por el numerador y se divide por el denominador, pero cuando se quiere conocer el total se multiplicará por el denominador y dividirá por el numerador, justo lo contrario.

Ejemplo:

Juan recorre el primer día 2/3 del camino que le lleva a su pueblo, el segundo día recorre 1/2 del camino, el tercer día recorre 3/4 del camino, si le quedan 12 Km, ¿Cuántos Km tiene el recorrido que hace Juan?

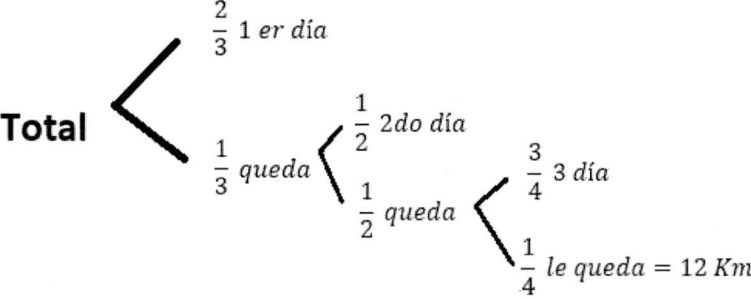

Una vez realizado el esquema solo se tendrá que ir buscando el total yendo de la parte al todo:

$$12 \cdot \frac{4}{1} \cdot \frac{2}{1} \cdot \frac{3}{1} = 288 \; Km$$

Si se desea saber lo que recorre cada día basta con ir hacia delante desde el total y se puede ir averiguando.

Primer día 2/3, entonces 288 · 2 :3 = 192 Km y le queda 1/3 = 96 Km

Segundo día 1/2 de 96 Km = 48 Km y le queda 1/2 = 48 Km

Tercer día 3/4 de 48 Km = 36 Km y le quedan 12 Km como dice el ejercicio.

Ejercicios propuestos para repasar:

1. Javier se ha comprado un libro de lectura, el primer día lee 2/5 del total, el segundo día lee 3/7 de lo que le quedaba y el tercer día lee 2/3 de lo que le quedaba. Pasados esos días le quedan 55 páginas. ¿Cuántas páginas tenía el libro?

2. Un ciclista recorre varias etapas de un recorrido, el primer día recorre 1/3 del camino, el segundo día recorre 1/2 de lo que le quedaba, finamente el tercer día recorre 5/8 del camino, quedando 215 Km por recorrer. ¿Cuántos Km totales tenía el camino?

3. En una comunidad de vecinos hay una fracción de 1/5 que son rubios, y una fracción de 2/3 son castaños, el resto son pelirrojos. ¿Qué fracción representan los pelirrojos? ¿Si hubiese 15 personas pelirrojas, cuántos vecinos habría en total?

4. En el reparto de una herencia se tienen que repartir 2300 € entre tres hermanos, si el primer hermano se lleva 1/5, el segundo se lleva 1/4 y el tercero el resto. ¿Cuánto dinero se lleva el tercero?

5. En una tienda de chucherías en la que se vendían bolsas de chuches, por la mañana se han vendido 1/3 del total, por la tarde se han vendido 2/3 del total, si le quedan al final de la jornada 35 bolsas. ¿Cuántas bolsas había al principio?

PORCENTAJES

DATO HISTÓRICO PORCENTAJES "Simon Stevin":

Simon Stevin que nació en 1548 (Brujas) y murió en 1620. Fue un matemático y físico que trabajó en fracciones decimales. No se le puede atribuir a él solo la creación de los porcentajes, pero contribuyó bastante a ello.

La anécdota más famosa de Simon fue haber inventado un carruaje o "yate" terrestre impulsado por velas que era capaz de transportar a más de 25 personas a velocidades cercanas a los actuales 80 km/h. En torno al 1600 Stevin realizó en la playa de Scheveningen una demostración del invento ante el príncipe de Nassau, Mauricio de Orange, el cual, luego de verlo más como un entretenimiento para sus invitados y cortesanos, acabó por prohibir cualquier aplicación práctica del mismo al juzgar que tal medio de transporte arruinaría a los arrieros y al sistema de postas basado en los caballos. Dicho carruaje aún hoy se puede ver en la ciudad de Brujas.

Un porcentaje es una manera especial de fracción, en la que el denominador son 100 unidades, se suele utilizar la simbología dé %, también existen porcentajes en tanto por mil, tanto por 1, etc.

Los porcentajes nos expresan una medida relativa de la cantidad, por lo que resulta muy eficaz siempre que se quieran comparar cantidades, como se vio en el error relativo, las medidas relativas dan una información importante a la hora de comparar cantidades.

Dentro de los problemas que se encontrarán en este libro se abordarán tres tipos:

Cálculo de porcentajes de una cantidad.

Aumentos porcentuales.

Disminuciones porcentuales.

Cálculo de porcentajes de una cantidad:

Para realizar el porcentaje de una cantidad, basta con realizar lo mismo que se hace cuando se opera con fracciones.

1 Ejemplo:

25 % de 150 esto es lo más que decir 25/100 de 150

$$\frac{25 \cdot 150}{100} = 37,5$$

Si se recuerda lo realizado en las fracciones:

$$TOTAL \cdot FRACCIÓN = PARTE$$

Se resolverán los problemas de forma similar.

Aumentos porcentuales:

Esto es algo más complejo, pero está basado en cálculos similares, se supone una cantidad a la que se le quiere aumentar un % (porcentaje), se verá en un ejemplo.

Juan recibe 200 € de paga al mes y su padre le dice que le va a aumentar la paga un 20%.

Para realizar el cálculo basta con hacer lo siguiente:

$$200 + \frac{20 \cdot 200}{100} = 240 \text{ €}$$

Al dinero que tenía Juan se le ha sumado el 20% de esa cantidad.

Hay una manera más fácil de hacerlo, aunque el desarrollo puede parecer complicado, si se observa bien, con una operación se resolverá muy rápido:

$$200 + \frac{20}{100} \cdot 200 \quad \textit{hay que fijarse que el 200 está repetido en ambos sumandos}$$

$$200 \cdot \left(1 + \frac{20}{100}\right) \quad \textit{simplemente se saca factor común}$$

$$200 \cdot (1 + 0,2) = 200 \cdot 1,2 \quad \textit{si se resuelve esto nos queda una simple multiplicación}$$

200·1,2 = 240 € Es tan fácil como multiplicar por 1,2 la cantidad y ya se consigue la cantidad aumentada.

Disminuciones porcentuales:

Las disminuciones porcentuales tienen el mismo desarrollo, se imaginará ahora el problema anterior, pero ahora Juan tiene una penalización, su padre le castiga y le reducirá la paga un 20%.

$$200 - \frac{20 \cdot 200}{100} = 160 \text{ €}$$

Si se hace el mismo razonamiento:

$200 - \dfrac{20}{100} \cdot 200$ *hay que fijarse que el* 200 *está repetido en ambos sumandos*

$200 \cdot \left(1 - \dfrac{20}{100}\right)$ *simplemente sacamos factor común*

$200 \cdot (1 - 0,2) = 200 \cdot 0,8$ *si se resuelve esto nos queda una simple multiplicación*

$200 \cdot 0,8 = 160$ € Es tan fácil como multiplicar por 1,2 la cantidad y ya se consigue la cantidad disminuida.

Ejercicios propuestos:

1. Calcular el porcentaje de una cantidad:

   Encuentra el 25% de 200.

2. Determinar la cantidad total a partir de un porcentaje:

   Si el 30% de una cantidad es 90, ¿cuál es la cantidad total?

3. Incremento y disminución porcentual:

   El precio de un producto ha aumentado un 15%. Si antes costaba 80 euros, ¿cuál es el nuevo precio?

   Un artículo costaba 150 euros, pero ahora tiene un descuento del 20%. ¿Cuál es el precio después del descuento?

4. Porcentaje de cambio:

   Un artículo costaba 50 euros y ahora cuesta 65 euros. ¿Cuál es el porcentaje de aumento?

5. Resolución de problemas con porcentajes compuestos:

   El precio de un artículo se incrementó un 10% el primer año y un 20% el segundo año. Si el precio inicial era de 100 euros, ¿cuál es el precio final?

6. Problemas de porcentaje en contextos reales:

   En una clase de 40 estudiantes, el 60% son chicas. ¿Cuántos chicos hay en la clase?

7. Aplicación de porcentajes en intereses simples:

   Si inviertes 2000 euros a una tasa de interés simple del 5% anual, ¿cuánto interés habrás ganado en 3 años?

Soluciones: 1. 50, 2. 300, 3. 92, 4. 120, 4. 30%, 5. 132, 6. 16 y 7. 300

INTERÉS SIMPLE E INTERÉS COMPUESTO

DATO HISTÓRICO INTERÉS COMPUESTO "Jacob Bernouilli":

Jacob Bernoulli que nació 1654 y murió en 1705 fue un destacado científico matemático suizo hermano de Johann Bernouilli de la familia Bernouilli (quizás haya sido la familia más prolífica de la historia de la ciencia), investigó el interés compuesto continuo y desarrolló la fórmula asociada con el crecimiento exponencial.

El señor Jacob tenía una terrible admiración por la espiral logarítmica, le fascinaba, para el representaba la constancia y el crecimiento eterno. Tanto la admiraba que consideró ponerla en su lápida. Sin embargo, por error le pusieron una espiral de Arquímides, que, en lugar de crecer exponencialmente, crece como una función constante, se puede leer: "Eadem mutata resurgo" que significa, aunque cambiada me levanto igual.

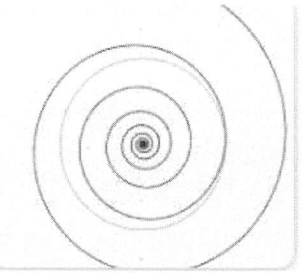

Espiral Logarítmica

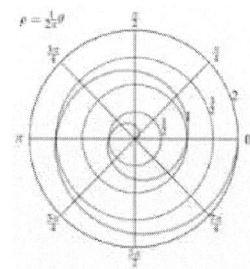

Espiral Arquimedes

Primeramente, se debe entender lo que es el interés, que sería el valor generado o la ganancia obtenida del uso que se le da al capital que se deposita o se presta.

En términos simples, el interés es la compensación que se recibe por prestar dinero o la cantidad que se paga por el uso del dinero prestado.

Las personas guardan su dinero en el banco, pero muchas veces ese dinero que se llama capital, el banco nos ofrece ciertos "productos bancarios", dónde ellos invierten el capital para después darnos un interés como beneficio.

Siempre que se hable de interés irá asociado con un rendimiento y también con un tiempo. Se conocen dos tipos de intereses, el Simple, proporcionará un beneficio directo con el tiempo y el rendimiento. El Compuesto dónde el interés que se genera a lo largo del tiempo se suma al capital aumentando la ganancia.

Interés Simple: Es el interés calculado solo sobre el monto original del capital (principal). No se toma en cuenta el interés acumulado de períodos anteriores.

Fórmula del Interés Simple

$$I = Co \cdot r \cdot t$$

Donde:

I es el interés.

Co es el principal o capital inicial.

r es la tasa de interés anual.

t es el tiempo en años.

Interés Compuesto: Es el interés calculado sobre el monto original del capital y también sobre los intereses acumulados de períodos anteriores. Esto significa que el interés ganado en cada período se añade al principal y se reinvierte, generando así nuevos intereses.

Fórmula del Interés Compuesto:

$$C_f = C_o \cdot \left(1 + \frac{r}{n}\right)^{nt}$$

Donde:

Cf es el monto total acumulado (principal + interés).

Co es el principal o capital inicial.

r es la tasa de interés anual.

n es el número de veces que el interés se compone por año.

t es el tiempo en años.

Relevancia en Economía: El interés es crucial en la economía por varias razones:

Préstamos y Crédito: El interés determina el costo de los préstamos y afecta las decisiones de endeudamiento tanto de individuos como de empresas.

Ahorro e Inversión: Las tasas de interés influyen en las decisiones de ahorro e inversión, ya que los individuos y las empresas buscan maximizar sus retornos.

Política Monetaria: Los bancos centrales, como el Banco Central Europeo (BCE) o la Reserva Federal de Estados Unidos (Fed), utilizan las tasas de interés como una herramienta para controlar la inflación y estabilizar la economía.

Valor Temporal del Dinero: El interés refleja el valor temporal del dinero, reconociendo que una cantidad de dinero disponible en el presente vale más que la misma cantidad en el futuro debido a su potencial de generar rendimientos.

Ejercicios propuestos:

1. Cálculo del interés simple

Problema: Juan deposita 2,000 euros en una cuenta de ahorro que paga un 4% de interés simple anual. ¿Cuánto interés ganará Juan después de 3 años?

2. Determinación del capital inicial

Problema: Marta recibió 300 euros de interés simple después de 5 años por un depósito a una tasa del 3% anual. ¿Cuál fue el capital inicial que depositó?

3. Cálculo del tiempo

Problema: Un capital de 1,500 euros genera 450 euros de interés simple a una tasa del 5% anual. ¿Cuánto tiempo estuvo depositado el capital?

4. Cálculo de la tasa de interés

Problema: Un depósito de 2,500 euros genera 375 euros de interés simple en 3 años. ¿Cuál es la tasa de interés anual?

5. Cálculo del monto final

Problema: Ana deposita 1,000 euros en una cuenta que paga un 6% de interés compuesto anual. ¿Cuánto dinero tendrá en su cuenta después de 4 años?

6. Determinación del capital inicial

Problema: Carlos tiene 2,500 euros en su cuenta después de 3 años. La tasa de interés compuesto anual es del 5%. ¿Cuál fue el capital inicial que depositó?

7. Cálculo del tiempo

Problema: Un capital de 1,000 euros se convierte en 1,610.51 euros a una tasa de interés compuesto del 10% anual. ¿Cuánto tiempo estuvo invertido el capital?

8. Cálculo de la tasa de interés

Problema: Un depósito de 3,000 euros crece a 3,726.32 euros en 2 años. ¿Cuál es la tasa de interés compuesto anual?

Soluciones: 1. 240 euros en 3 años, 2. 2000 euros, 3. 6 años, 4. 5% anual, 5. 1262.48 euros en 4 años, 6. 2152.76 euros, 7. 5 años y 8. 12% anual.

POTENCIAS

DATO HISTÓRICO POTENCIAS "René Descartes":

El francés René Descartes que nació en 1596 y murió en 1650 en su obra *La Géométrie* introdujo el concepto de exponente. Mas tarde Newton y Leibniz lo generalizaron con el cálculo diferencial.

René fue el padre del método científico, era muy meticuloso, hasta la extenuación, autor de la frase, "Cogito, ergo sum" ("Pienso, luego existo"). Su anécdota más interesante es la de la noche de los tres sueños:

Fue un episodio en la vida de Descartes a la edad de 23 años. Fue una experiencia muy debatida hasta día de hoy, se describirá brevemente cada uno de ellos:

El primer sueño Descartes sintió que estaba atrapado en una tormenta violenta en el mar, luchando por sobrevivir. Se interpreta como las dudas que sufría Descartes tanto en su vida como en el ámbito de la filosofía.

El segundo sueño, Descartes vio una serie de libros de matemáticas que despertaron en él un profundo sentido de la claridad. Este sueño representa la creencia en las matemáticas y las verdades inmutables y universales.

El tercer sueño, Descartes sintió que estaba siendo visitado por un espíritu o una presencia divina que le indicaba un camino claro hacia el conocimiento seguro y verdadero. Esta experiencia lo inspiró a desarrollar su método de duda metódica y a buscar fundamentos indudables para el conocimiento.

Para poder trabajar con potencias hay que saberse todas las propiedades:

Propiedades de las potencias:

$$a^n \cdot a^m = a^{m+n} \quad Ejemplo: 2^4 \cdot 2^7 = 2^{11}$$

$$\frac{a^n}{a^m} = a^{n-m} \quad Ejemplo: \frac{2^4}{2^7} = 2^{-3}$$

$$[(a)^n]^m = a^{m \cdot n} \quad Ejemplo: [(2)^3]^5 = 2^{15}$$

$$\frac{1}{a^n} = a^{-n} \quad Ejemplo: \frac{1}{2^8} = 2^{-8}$$

$$(a \cdot b)^n = a^n \cdot b^n \quad Ejemplo: (2 \cdot 3)^5 = 2^5 \cdot 3^5$$

$$\left(\frac{a}{b}\right)^n = \frac{a^n}{b^n} \quad Ejemplo: \left(\frac{2}{3}\right)^5 = \frac{2^5}{3^5}$$

$$\sqrt[n]{a^m} = a^{\frac{m}{n}} \quad Ejemplo: \sqrt[3]{2^7} = 2^{\frac{7}{3}}$$

Si se aprenden estas propiedades se pueden practicar los siguientes ejercicios de potencias.

Escribe como única potencia:

$2^4 \cdot 2^3 \cdot 2^7 =$	$3^2 \cdot 3^{-2} \cdot 3^5 \cdot 3^{-8} =$	$4^5 \cdot 4^6 \cdot 4^{-3} \cdot 4^9 =$
$2^{-5} \cdot 2^8 \cdot 2^{-2} =$	$3^{-1} \cdot 3^{-2} \cdot 3^9 \cdot 3^{-6} =$	$4^4 \cdot 4^{-2} \cdot 4^1 \cdot 4^3 =$
$5^4 \cdot 5^{-3} \cdot 5^7 =$	$7^2 \cdot 7^9 \cdot 7^5 \cdot 7^{-8} =$	$8^5 \cdot 8^6 \cdot 8^{-5} \cdot 8^{-9} =$
$\left(\frac{2}{3}\right)^4 \cdot \left(\frac{2}{3}\right)^{-3} \cdot \left(\frac{2}{3}\right)^2 =$	$[(3)^2]^3 \cdot 3^{-2} \cdot 3^5 \cdot 3^{-8} =$	$\left[\left(\frac{4}{3}\right)^5\right]^{-1} \cdot \left(\frac{4}{3}\right)^6 \cdot \left(\frac{4}{3}\right)^2 =$
$\left(\frac{2}{3}\right)^4 \cdot \left(\frac{3}{2}\right)^{-3} \cdot \left(\frac{3}{2}\right)^{-2} =$	$[(5)^{-2}]^{-3} \cdot 5^2 \cdot 5^5 \cdot 5^{-4} =$	$\left[\left(\frac{3}{4}\right)^5\right]^{-1} \cdot \left(\frac{3}{4}\right)^{-6} \cdot \left(\frac{4}{3}\right)^3 =$

Simplifica lo máximo posible:

$$\frac{\left(\frac{2}{3}\right)^{-2} \cdot \left(\frac{3}{2}\right)^5 \cdot \left(\frac{3}{2}\right)^2}{\left(\frac{2}{3}\right)^{-3} \cdot \left(\frac{2}{3}\right)^{-4} \cdot \left(\frac{3}{2}\right)^{12}} = \qquad \frac{5^{-3} \cdot 20^2}{2^5 \cdot 5} =$$

$$\frac{\left(\frac{5}{3}\right)^{-9} \cdot \left(\frac{3}{5}\right)^{3} \cdot \left(\frac{3}{5}\right)^{4}}{\left(\frac{5}{3}\right)^{-8} \cdot \left(\frac{5}{3}\right)^{-4} \cdot \left(\frac{3}{5}\right)^{7}} = \qquad \frac{3^{-2} \cdot 12^{2}}{2^{6} \cdot 3} =$$

$$\frac{6^{3} \cdot 12^{-2} \cdot 3^{9} \cdot 2^{4} \cdot 9^{2}}{3^{4} \cdot 2^{3} \cdot 18^{5} \cdot 12^{4} \cdot 9^{-3}} = \qquad \frac{10^{2} \cdot 25^{-2} \cdot 16^{3} \cdot 50^{4} \cdot 2^{2}}{100^{4} \cdot 20^{3} \cdot 2^{-5} \cdot 5^{4} \cdot 10^{-3}} =$$

$$\frac{[(3^{3})^{-2}]^{2} \cdot 4^{-2} \cdot (3^{9})^{-5} \cdot (2^{4})^{2} \cdot (9^{-2})^{-5}}{(3^{4})^{2} \cdot 2^{3} : (18^{5})^{-3} \cdot 12^{2} \cdot 9^{3}} = \qquad \frac{10^{8} : 25^{-2} \cdot 16^{4} : 50^{4} \cdot 2^{-2}}{100^{-3} \cdot 20^{3} \cdot 2^{-5} \cdot 5^{4} \cdot 10^{-3}} =$$

$$\frac{[(15^{3})^{-2}]^{2} \cdot 5^{-2} \cdot (5^{9})^{-5} \cdot (3^{4})^{2} \cdot (25^{-2})^{-5}}{(3^{4})^{2} \cdot 5^{3} : (3^{5})^{-3} \cdot 5^{2} \cdot 9^{3}} = \qquad \frac{6^{8} : 25^{-2} \cdot 15^{4} : 50^{4} \cdot 2^{-2}}{25^{-3} \cdot 20^{3} \cdot 2^{-5} \cdot 8^{4} \cdot 10^{-3}} =$$

$$\frac{\left(-\frac{15}{3}\right)^{-9} \cdot \left(\frac{9}{5}\right)^{3} \cdot \left(\frac{3}{15}\right)^{-4}}{\left(\frac{15}{27}\right)^{-8} \cdot \left(\frac{25}{9}\right)^{-4} \cdot \left(\frac{3}{5}\right)^{7}} = \qquad \frac{\left(\frac{3^{-2}}{2^{3}}\right)^{-2} : \left(\frac{12^{2}}{4}\right)^{3}}{\left(\frac{2^{6}}{3}\right)^{-5} : \frac{3}{2}} =$$

RADICALES

DATO HISTÓRICO RADICALES "Hipócrates de Quíos":

El griego Hipócrates de Quíos nació en el 470 a.C y murió en 410 a.C. es considerado uno de los primeros matemáticos en estudiar las raíces cuadradas.

Estudió en la famosa escuela matemática de Alejandría donde se relacionó con otros conocidos matemáticos.

La última propiedad que se ha estudiado en el apartado de potencias representa la definición de un radical, es un número elevado a una potencia fraccionaria:

$$\sqrt[n]{a^m} = a^{\frac{m}{n}} \quad Ejemplo: \sqrt[3]{2^7} = 2^{\frac{7}{3}}$$

Las partes de un radical son: "n" es el índice del radical, "a" es el radicando y "m" es el exponente del radicando.

Se debe dominar perfectamente las operaciones con radicales, multiplicación, división, suma y resta de radicales, así como la racionalización de los mismos. Con ejemplos se verá cómo se resuelven.

Multiplicación y división de Radicales

Se realiza un ejemplo en el que se puede ver como se utilizan las propiedades de las potencias, al ser una multiplicación se suman los exponentes:

$$\sqrt{2^3} \cdot \sqrt[5]{2} = 2^{\frac{3}{2}} \cdot 2^{\frac{1}{5}} = 2^{\frac{3}{2}+\frac{1}{5}} = 2^{\frac{15+2}{10}} = 2^{\frac{17}{10}} = \sqrt[10]{2^{17}}$$

Ahora se hace lo mismo con una división:

$$\sqrt{2^3} : \sqrt[5]{2} = 2^{\frac{3}{2}} : 2^{\frac{1}{5}} = 2^{\frac{3}{2}-\frac{1}{5}} = 2^{\frac{15-2}{10}} = 2^{\frac{13}{10}} = \sqrt[10]{2^{13}}$$

No obstante, este método es cuando los radicandos tienen la misma base, pero existe un método mejor incluso con distintas bases, que es usando el m.c.m.

$$\sqrt{2^3} \cdot \sqrt[5]{2} = \sqrt[10]{2^{15} \cdot 2^2} = \sqrt[10]{2^{17}}$$

El 10 que aparece en el índice de la raíz después del igual es el m.c.m. de 2 y 5 que son los índices de las raíces de los radicales que se multiplican. El 15 y el 2, exponentes del radicando son el resultado de dividir el 10 entre los índices de las raíces y multiplicarlos por el exponente de las mismas.

$$\sqrt{2^3} : \sqrt[5]{2} = \sqrt[10]{\frac{2^{15}}{2^2}} = \sqrt[10]{2^{13}}$$

Extracción, suma y resta de radicales

Para poder sumar y restar radicales es necesario saber cómo se extraen números de un radical, para ello se usará formula antes mencionada, que pasa de radical a potencia fraccionaria.

$$\sqrt{50 \cdot 27 \cdot 16} = \sqrt{2 \cdot 5^2 \cdot 3^3 \cdot 2^4} = \sqrt{5^2 \cdot 3^3 \cdot 2^5} = 5^{\frac{2}{2}} \cdot 3^{\frac{3}{2}} \cdot 2^{\frac{5}{2}}$$

Parecería que ya está realizado el ejercicio de extracción, pues esto no puede hacerse así, ya que el 3 y el 2 están elevados a números que son racionales, y deben de ser enteros para poder ser extraídos del radical. La manera correcta paso a paso sería:

$$\sqrt{50 \cdot 27 \cdot 16} = \sqrt{2 \cdot 5^2 \cdot 3^3 \cdot 2^4} = \sqrt{5^2 \cdot 3^3 \cdot 2^5} = \sqrt{5^2 \cdot 3 \cdot 3^2 \cdot 2 \cdot 2^4} = 5^{\frac{2}{2}} \cdot 3^{\frac{2}{2}} \cdot 2^{\frac{4}{2}} \cdot \sqrt{3 \cdot 2}$$

Se ha dado un paso intermedio en el que dependiendo del exponente se descompone el número para que su exponente al dividirlo entre el índice de un número entero quedando:

$$5 \cdot 3 \cdot 2^2 \cdot \sqrt{3 \cdot 2}$$

Ahora se verá de qué manera influye saber extraer para resolver problemas de sumar y restar radicales.

Lo primero que se debe saber es que los radicales solo se pueden sumar si los índices de los radicales son iguales y además sus radicandos son iguales. Cumpliendo esta premisa, es sencillo sumar los radicales:

$$3\sqrt{2} + \sqrt{2} - 3\sqrt{2} - \sqrt{3} + \sqrt[5]{2} + 9\sqrt{2} = (3 + 1 - 3 + 9)\sqrt{2} - \sqrt{3} + \sqrt[5]{2} = 10\sqrt{2} - \sqrt{3} + \sqrt[5]{2}$$

Como se puede ver en el ejemplo solo se han sumado los radicales que cumplen las condiciones impuestas en la regla que se dijo anteriormente.

Otro ejemplo con radicandos diferentes:

$$5\sqrt{50} - 8\sqrt{18} + 4\sqrt{8} = 5\sqrt{2 \cdot 5^2} - 8\sqrt{2 \cdot 3^2} + 4\sqrt{2^3} = 5 \cdot 5^{\frac{2}{2}}\sqrt{2} - 8 \cdot 3^{\frac{2}{2}}\sqrt{2} + 4\sqrt{2 \cdot 2^2}$$

$$5 \cdot 5\sqrt{2} - 8 \cdot 3\sqrt{2} + 4 \cdot 2^{\frac{2}{2}}\sqrt{2} = 25\sqrt{2} - 24\sqrt{2} + 8\sqrt{2} = 9\sqrt{2}$$

Se observa que; lo que en un principio tiene radicandos diferentes, después de extraer, se convierte todo en sumas y restas de radicandos iguales.

Racionalización

Consiste en quitar las raíces de los denominadores, aparentemente parece que solo tiene un sentido estético, pero en cursos superiores será útil para resolver límites en ciertas indeterminaciones.

Hay tres tipos de indeterminaciones:

1. $\dfrac{K}{\sqrt{}}$ *Siendo k un número real.* Se tendrá una raíz cuadrada en el denominador. Para resolverlo se multiplicará por la raíz cuadrada en el numerador y denominador:

$$\frac{5}{\sqrt{3}} = \frac{5}{\sqrt{3}} \cdot \frac{\sqrt{3}}{\sqrt{3}} = \frac{5\sqrt{3}}{\sqrt{3^2}} = \frac{5\sqrt{3}}{3}$$

En el denominador siempre queda una raíz con un radicando al cuadrado que saldrá del radical y la raíz desaparecerá del denominador.

2. $\dfrac{K}{\sqrt[n]{}}$ *Siendo K y n numeros reales y n distinto de 2.* Se tendrá en el denominador cualquier raíz no cuadrada, Para resolverlo se tendrá que multiplicar numerador y denominador por una raíz en la que los exponentes del radicando, sumen una cantidad necesaria tal que la raíz del denominador desaparezca.

$$\frac{5}{\sqrt[7]{3^2}} = \frac{5}{\sqrt[7]{3^2}} \cdot \frac{\sqrt[7]{3^5}}{\sqrt[7]{3^5}} = \frac{5\sqrt[7]{3^5}}{\sqrt[7]{3^7}} = \frac{5\sqrt[7]{3^5}}{3}$$

Se ha tenido que elevar a 5 para que la suma de 7 en el exponente del denominador

3. $\sqrt[N]{}{}^{K}_{\pm z}$ o $\sqrt[N]{}{}^{K}_{\pm\sqrt{}}$ *Siendo K y z numeros reales.* Se tendrá un denominador formado por la suma o resta de una raíz con un número o se tendrá un denominador formado por la suma o resta de dos raíces. Esta racionalización siempre está compuesta de raíces cuadradas. Para resolverla hay que multiplicar numerador y denominador por el conjugado del denominador. ¿Qué es el conjugado? Muy sencillo con este ejemplo lo van a ver, solamente hay que cambiar el signo central y se forma el conjugado:

$$(a + b) \rightarrow (a - b)$$

$$(a - b) \rightarrow (a + b)$$

Cuando se hace esto quedará la siguiente identidad notable:

$$(a + b)(a - b) = a^2 - b^2$$

Se verá en el siguiente ejemplo:

$$\frac{5}{\sqrt{7} + 2} = \frac{5}{(\sqrt{7} + 2)} \cdot \frac{(\sqrt{7} - 2)}{(\sqrt{7} - 2)} = \frac{5(\sqrt{7} - 2)}{(\sqrt{7})^2 - 2^2} = \frac{5\sqrt{7} - 10}{7 - 4} = \frac{5\sqrt{7} - 10}{3}$$

Se aplicará lo que se aprendido con estos ejercicios:

1. Opera y simplifica los siguientes radicales:

a) $\sqrt[3]{2} \cdot \sqrt[5]{3^3} =$

b) $\sqrt[5]{2^7} \cdot \sqrt[5]{2^{-3}} =$

c) $\dfrac{\sqrt[3]{16}}{\sqrt[12]{2^3}}$

d) $\dfrac{\sqrt[4]{2} \cdot \sqrt[6]{3^3}}{\sqrt[3]{2}} =$

e) $\dfrac{\sqrt[5]{2^7} \cdot \sqrt[5]{2^{-3}}}{\sqrt{16} \cdot \sqrt[5]{32}} =$

f) $\dfrac{\sqrt[3]{125}}{\sqrt[4]{25^3}}$

2. Extrae los factores que puedas de los siguientes radicales:

a) $\sqrt{50 \cdot 75 \cdot 18 \cdot 16} =$

b) $\sqrt{8 \cdot 36 \cdot 125 \cdot 98} =$

c) $\sqrt{a^3 \cdot b^2 \cdot c^5}$

d) $\sqrt[3]{50 \cdot 75 \cdot 18 \cdot 16} =$

e) $\sqrt[4]{16 \cdot 405 \cdot 1250} =$

f) $\sqrt{\dfrac{a^3 \cdot b^4}{c^5}}$

3. Escribe como potencias de exponente fraccionario:

a) $\sqrt{5\sqrt{5}}$

b) $\sqrt{\dfrac{5}{\sqrt{5}}} =$

c) $\dfrac{1}{\sqrt[3]{3^4}}$

d) $\left(\sqrt{3}\right)^3$

e) $\sqrt{5\sqrt{5 \cdot \sqrt{5 \cdot \sqrt{5}}}}$

f) $\left(\left(\sqrt[3]{a^3}\right)^2\right)^{-5} =$

g) $\sqrt[3]{\dfrac{1}{5}}$

h) $\left(\sqrt{3}\right)^{-3}$

4. Efectúa las siguientes operaciones:

a) $5\sqrt{3} + 4\sqrt{3} - 6\sqrt{3} + \sqrt{3}$

b) $3\sqrt{8} + 2\sqrt{18} - 4\sqrt{50} + \sqrt{98} =$

c) $9\sqrt[3]{40} + 2\sqrt[3]{135} - 6\sqrt[3]{625} + \sqrt[3]{5000}$

d) $9\sqrt[3]{a \cdot 125} + 2\sqrt[3]{a \cdot 27} - 6\sqrt[3]{a \cdot 8} =$

e) $\dfrac{1}{2}\sqrt{3} + \dfrac{3}{5}\sqrt{3} - \dfrac{4}{10}\sqrt{3} + \dfrac{3}{2}\sqrt{3}$

f) $\dfrac{2}{9}\sqrt{8} + \dfrac{3}{2}\sqrt{18} - \dfrac{1}{18}\sqrt{50} + \dfrac{7}{4}\sqrt{98} =$

5. Introduce los números dentro del radicando:

a) $2\sqrt{5} =$

b) $9\sqrt{6} =$

c) $27 \cdot \sqrt[3]{7} =$

d) $b\sqrt{a} =$

e) $c^3\sqrt{a \cdot b} =$

f) $k\sqrt[3]{a \cdot k^4} =$

g) $\dfrac{b}{a^3}\sqrt{a} =$

h) $\dfrac{c^3}{a}\sqrt{a \cdot b} =$

i) $\dfrac{k}{a}\sqrt[3]{\dfrac{a}{k}} =$

6. Racionaliza

$a)\ \dfrac{4}{\sqrt{2}} =$

$b)\ \dfrac{9}{\sqrt{3}} =$

$c)\ \dfrac{a}{\sqrt{a}} =$

$d)\ \dfrac{4}{\sqrt[5]{2}} =$

$e)\ \dfrac{9}{\sqrt[5]{3^2}} =$

$f)\ \dfrac{a}{\sqrt[5]{a^3}} =$

$g)\ \dfrac{\sqrt{3}+\sqrt{2}}{\sqrt{3}-\sqrt{2}} =$

$h)\ \dfrac{9}{\sqrt{42}-6} =$

$i)\ \dfrac{a}{\sqrt{a}+b} =$

$j)\ \dfrac{\sqrt{3}+\sqrt{2}}{\sqrt{5}-\sqrt{3}} =$

$k)\ \dfrac{9}{\sqrt{3}-2} =$

$l)\ \dfrac{a}{\sqrt{a+b}} =$

LOGARITMOS

DATO HISTÓRICO LOGARITMOS "John Napier":

John Napier nació en 1550 y murió en 1617 fue un matemático e inventor escoces, reconocido por ser el primero en introducir los logaritmos.

Aparte de sus habilidades matemáticas, a Napier le gustaba la alquimia, cuanta la leyenda que Napier tenía habilidades místicas o sobrenaturales, atribuyéndolo el poder de la piedra filosofal que convertía los metales en oro.

Gracias a introducir los logaritmos posteriormente Euler con su método de series infinitas descubrió que había una base natural para los logaritmos y que su constante era el número "e".

En honor a estos dos grandes matemáticos se creó el logaritmo Neperiano, cuya base es el número "e".

Los logaritmos fueron introducidos por John Napier en el siglo XVII como un medio de simplificación de cálculos, después en el siglo XVIII Leohnard Euler lo conectó con la función exponencial. Gracias a los logaritmos y a las tablas de logaritmos que se crearon en aquella época, debido a que no había calculadora, podían hacer cálculos con números muy grandes, así como representación de funciones exponenciales.

Un logaritmo se representa y consta de las siguientes partes:

$$Log_b N = x$$

$$Si\ la\ base\ es\ 10\ sería\ Log\ N = x$$

$$Si\ la\ base\ es\ el\ número\ "e"\ sería;\ Ln\ N = x$$

- Log; es el símbolo que se usa para nombrarlo, si la base del logaritmo es el número "e" sería Ln.

- N el número al que se le aplica el logaritmo.

- "b" la base del logaritmo, si no hay nada será base 10.

- X es el resultado del logaritmo.

Cuando se resuelve un logaritmo se resuelve tomando antilogaritmo, es decir se hace lo siguiente:

$$Log_b \, N = x \quad -----> \quad N = b^x$$

Se verá en este ejemplo:

$$Log_2 \, 8 = x \quad -----> \quad 8 = 2^x \quad ---\rightarrow 2^3 = 2^x \;\; El \; resultado \; será \; x = 3$$

Para poder realizar logaritmos se tienen que tener claras las propiedades de los radicales, las propiedades de las potencias y la factorización de los números, en el ejemplo se puede ver como se ha factorizado el 8 convirtiéndolo en 2 al cubo.

Hay que tener el conocimiento de las propiedades de los logaritmos:

- El logaritmo de 0 es infinito.

- El logaritmo de un número negativo no se puede resolver.

- El logaritmo de 1 siempre es 0, da igual la base del logaritmo.

- Propiedad de la suma y producto:

$$Log_b(A \cdot B) = Log_b A + Log_b B \;\; \leftrightarrow \;\; Log_b A + Log_b B = Log_b(A \cdot B)$$

- Propiedad de la resta y división:

$$Log_b\left(\frac{A}{B}\right) = Log_b A - Log_b B \;\; \leftrightarrow \;\; Log_b A - Log_b B = Log_b\left(\frac{A}{B}\right)$$

- Propiedad de la potencia:

$$Log_b A^n = n \cdot Log_b A \;\; \leftrightarrow \;\; n \cdot Log_b A = Log_b A^n$$

Todas las propiedades han de verse en ambos sentidos, debido a que hay ejercicios de todo tipo.

Se realizarán ejemplos de ejercicios de logaritmos, para que el alumno vea como hacer luego los ejercicios propuestos:

Ejemplo 1: *Resuelve el siguiente Logaritmo:*

$$Log_2 16 = x \longrightarrow 16 = 2^x ---\rightarrow 2^4 = 2^x \longrightarrow el\ resultado\ es\ x = 2$$

Ejemplo 2: *Conociendo los siguientes valores:*

$$\log a = 0.78, \log b = 0.44\ y\ Log\ c = -0.23, calcula:$$

$$Log\ \frac{a^3 \cdot \sqrt{b}}{\sqrt[5]{c^3}} = \quad se\ utilizarán\ las\ propiedades\ para\ ir\ resolviendo\ el\ logaritmo$$

$$Log\ \frac{a^3 \cdot \sqrt{b}}{\sqrt[5]{c^3}} = Log\ a^3 \cdot \sqrt{b} - Log\ \sqrt[5]{c^3} = Log\ a^3 + Log\ \sqrt{b} - Log\ \sqrt[5]{c^3}$$

$$3 \cdot Log\ a + Log\ b^{\frac{1}{2}} - Log\ c^{\frac{3}{5}} = 3 \cdot Log\ a + \frac{1}{2} \cdot Log\ b - \frac{3}{5} Log\ c$$

$$Se\ sustituye\ por\ los\ valores\ originales: 3 \cdot 0{,}78 + \frac{1}{2} \cdot 0{,}44 - \frac{3}{5} \cdot (-0{,}23) = 3'21$$

Ejemplo 3: *Resuelve las siguiente ecuación:*

En estos ejercicios es importante usar las propiedades de los logaritmos para contraer las operaciones, es diferente al ejemplo 2.

$$Log\ (3x + 2) - Log\ (x - 6) = \log 5$$ en este caso convertiremos la resta en división

$$Log\ \frac{3x+2}{x-6} = Log\ 5$$ Simplemente quitaremos logaritmos y resolveremos la ecuación.

$$\frac{3x + 2}{x - 6} = 5$$ eliminados los Log, solo hay que despejar

$$3x + 2 = 5 \cdot (x - 6)$$

$$3x + 2 = 5x - 6$$

$$2 + 6 = 5x - 3x$$

$$8 = 2x$$

$$x = \frac{8}{2} = 4$$

Se aplicará lo aprendido en los siguientes ejercicios:

Resuelve los logaritmos usando la definición:

$a)\ Log_5\ 125\ =\ x$ | $b)\ Log_2\ 64\ =\ x$ | $c)\ Log_3\ 81\ =\ x$

$d)\ Log_5\ \sqrt[9]{25}\ =\ x$ | $e)\ Log_2\ \sqrt{\sqrt{2}}\ =\ x$ | $f)\ Log_3\ \sqrt[3]{3}\ =\ x$

$g)\ Log_5\ \dfrac{1}{5^3}\ =\ x$ | $h)\ Log_2\ \dfrac{16}{32}\ =\ x$ | $i)\ Log_3\ \dfrac{1}{3^3}\ =\ x$

$j)\ Log\ 0.001\ =\ x$ | $k)\ Log\ 100\ =\ x$ | $l)\ Log\ \dfrac{1}{0.001}\ =\ x$

Resuelve el siguiente ejercicio usando las propiedades de los logaritmos, sea Log 2 = 0,301, Log 3 = 0.477 y Log 7 = 0.845.

$a)\ Log\ \dfrac{2^3 \cdot \sqrt[5]{7}}{3^3}\ =$ | $b)\ Log\ 5 \cdot 70\ =$ | $c)\ Log\ 72\ =$

$d)\ Log\ \dfrac{2^{-3} \cdot \sqrt[5]{7^3}}{3^{-3}}\ =$ | $e)\ Log\ \dfrac{5 \cdot 70}{2^{-3}}\ =$ | $f)\ Log\ \dfrac{72}{27}\ =$

$g)\ Log\ \dfrac{1}{3^3}\ =$ | $h)\ Log\ \dfrac{\sqrt{2^3} \cdot \sqrt{\sqrt{7}}}{\sqrt{3}}\ =$ | $i)\ Log\ 72 \cdot 125\ =$

$j)\ Log\ 0.001\ =$ | $k)\ Log\ 100\ =$ | $l)\ Log\ \dfrac{1}{0.001}\ =$

Resuelve sabiendo que log a = 0,32, log b = 0.88 y log c = -0.22

$a)\ Log\ a^2 \cdot b^2 \cdot c^3\ =$ | $b)\ Log\ \sqrt{a} \cdot \dfrac{1}{c^2}\ =$ | $c)\ Log\ \dfrac{\sqrt[5]{a} \cdot b^3}{c}\ =$

$d)\ Log\ \dfrac{c^{-3} \cdot \sqrt[5]{a^3}}{b^{-3}}\ =$ | $e)\ Log\ \dfrac{a \cdot b}{c^5}\ =$ | $f)\ Log\ \dfrac{a \cdot c}{b}\ =$

$g)\ Log\ \dfrac{1}{c^3}\ =$ | $h)\ Log\ \dfrac{\sqrt{c^3} \cdot \sqrt{\sqrt{a}}}{\sqrt{b}}\ =$ | $i)\ Log\ a^{-6}b^{-2}\ =$

Resuelve las siguientes ecuaciones Logarítmicas:

a) $\log_2(x+3) = 4$

b) $\log_3(2x-1) = 2$

c) $\log_5(x^2-1) = 1$

d) $\log(x+2) + \log(x-2) = \log 3$

e) $2\log_4 x = \log_4 16$

f) $\log_7(x+5) = \log_7(2x-3)$

g) $\log_2(3x-1) = 1 + \log_2 x$

h) $\log(x^2+3x) = \log 4$

i) $\log_3(x+2) + \log_3(x-1) = \log_3 15$

j) $\log_2(x^2-x) = 3$

Soluciones:

a) $x = 13$ b) $x = 5$ c) $x = \pm\sqrt{6}$ d) $x = \pm\sqrt{7}$ e) $x = 4$ f) $x = 8$

g) $x = 1$ h) $x = 1$ (Descartamos $x = -4$ ya que x debe ser positivo)   i) $x = \frac{-1\pm\sqrt{69}}{2}$

j) $x = 4$ (Descartamos $x = -2$ ya que x debe ser positivo)

LENGUAJE ALGEBRAICO

DATO HISTÓRICO ÁLGEBRA "Abu Abdallah Muhammad":

El mayor precursor del lenguaje algebraico fue el matemático Abu Abdallah Muḥammad Ibn Mūsā Al-Jwarizmī (Abu Yāffar). Nació en el año 780 y murió en el 850. Su nombre se latinizó a Algorithm. Fue astrónomo y jefe de la Biblioteca de la Casa de la Sabiduría de Bagdad, alrededor del año 820. Aunque venía del mundo árabe sus obras fueron traducidas al latín en el siglo XII.

Entre todos sus logros destacan:

El trabajo en una de las mayores bibliotecas de traducción de su época.

Las técnicas algebraicas en las que el trabajo se reflejaron en escritos juristas para temas relacionados con herencias, particiones de tierras, etc....

Gracias él y sus traducciones pudo introducir los números decimales originarios de la india en el mundo islámico y después en el mundo occidental.

Trabajó en astronomía creando el libro "Kibat Surat al-Ard" (Libro de la imagen de la Tierra) es una revisión del libro llamado "Geografía" de Ptolomeo. Trabajó en astronomía creando tablas astronómicas y calendarios.

El lenguaje algebraico ayuda al ser humano a aplicar las ecuaciones para el desarrollo y conocimiento de su entorno, así como el desarrollo de todas las ciencias que se estudian en el proceso educativo, desde ciencias sociales, humanidades y ciencias puras.

Por medio del lenguaje algebraico se puede avanzar en el entorno de las matemáticas, consiguiendo logros como en el campo de la informática con la inteligencia artificial.

Este tema es el más importante del libro, por lo que se irá aprendiendo punto por punto todas las facetas que el alumno debe dominar en secundaria.

Traducción del lenguaje natural al algebraico y viceversa

En el lenguaje Algebraico aparece el concepto de monomio, que mezcla una parte literal con una parte numérica, siendo la parte literal la variable a estudiar. Lo que hace que se puede desarrollar cualquier ecuación e incluso definir leyes como en física.

Se entiende fácilmente con este ejemplo:

Si se imagina la distancia aproximada entre Madrid y Barcelona de 600 Km, se quiere hacer el viaje en 6 horas. ¿Cuál será la velocidad a la que se debe ir?

Fácilmente se llega a la conclusión, 600 / 6 = 100 Km/h. Se ha realizado una división.

Pero si ahora se quiere ir a Albacete en un tiempo determinado se haría lo mismo, también si el viaje es del colegio a casa. Por lo tanto, se puede escribir una ecuación tal como:

$$v = \frac{e}{t}$$

Donde la "e" es el espacio, la "v" la velocidad y "t" el tiempo.

Esta ecuación se puede aplicar en física siempre que el espacio inicial sea 0 y sea un movimiento a velocidad constante.

Todas las letras son monomios.

El lenguaje algebraico consta de tres partes, la parte literal, la parte numérica y el grado.

La parte literal representada por una letra, comúnmente llamada variable, que puede tomar cualquier valor de la recta de los números reales.

La parte numérica que multiplica o divide a la parte literal se llama coeficiente. En el momento que la parte literal se sustituye por un número, la parte numérica lo multiplica o divide.

El grado del monomio es el exponente de la incógnita, si es x será grado 1, si es x2 será grado 2, si es x3 será grado 3, etc. Si las variables se multiplican se aplicará la regla de las potencias: x·y2, el grado será 3 que es resultado de sumar 1 del exponente de x + 2 del exponente de y.

Ejemplos de monomios: 2x, 15xy2, 9x, 25xyz, 3r, 8t2, etc....

Operaciones con polinomios: suma, resta, multiplicación y división

Sabiendo que un polinomio son varios sumandos de monomios, para dominar el algebra se debe dominar la realización de operaciones. Antes de nada, hay que saber cómo se nombran los polinomios.

Un polinomio normalmente se usa nombra con una letra en mayúscula, que puede ser cualquier letra, por ejemplo, P, después se pondrá un paréntesis y se indicará una letra que será la variable del polinomio, pude haber más de una variable, pero esto sería más avanzado.

$$P(x) = 5x^3 + 9x^2 - 2x + 3$$

Este polinomio se llama P y su variable es la x, cuando se quiera sustituir la x por un valor de la recta de los números reales, el polinomio dará su valor para ese número.

$$P(1) = 5(1)^3 + 9(1)^2 - 2 \cdot 1 + 3 = 15$$

Así P(1) daría un valor de 15.

Si el polinomio tiene más variables, se haría lo mismo sustituyendo cada variable por el valor concreto que se quiera.

$$P(x, y, z) = 5x^3y + 9x^2yz^2 - 2xz + 3$$

Para x = 1, y= 2 y z=0

$$P(1,2,0) = 5(1)^3 2 + 9(1)^2 \cdot 2 \cdot (0)^2 - 2 \cdot 1 \cdot 0 + 3 = 13$$

Así se puede observar que para diferentes valores de las variables el polinomio dará diferentes resultados. Normalmente la mayoría de las veces solo tendrán una variable, en cursos más avanzados aumentará el número de variables y todo se complicará más.

Se empezará con la suma y la resta:

Es importante saber que para sumar y restar monomios estos deben tener la misma parte literal y el mismo exponente. Si no cumplen estas características no se puede hacer la operación.

Ejemplos:

$2x + 5x = 7x$ *Se puede observar que simplente se suman o restan los numeros.*

En el siguiente ejemplo se observa cómo solo se pueden sumar y restar monomios con la misma parte literal y el mismo exponente.

$$3x^2 + 5x^2 - 2x^2 + 3y - 5y + 4x + 6x - 9x^3 + 3y^2 - 10x^2 + 5x^2 =$$

$$(3 + 5 - 2 + 3 - 10 + 5)x^2 + (3 - 5)y - 9x^3 + 3y^2 =$$

$$4x^2 - 2y - 9x^3 + 3y^2 4x^2 - 2y - 9x^3 + 3y^2$$

Multiplicación o producto de monomios y polinomios:

Para multiplicar monomios se realizará multiplicando la parte numérica con la parte numérica de otro monomio y la parte literal con la parte literal aplicando las propiedades de las potencias ya explicadas anteriormente.

Ejemplo:

$$5x \cdot 3x^3 = 15x^4$$

En el caso que se tengan dos polinomios:

$$P(x) = 2x^2 - 1 \quad y \quad Q(x) = 5x^2 + 2x + 1$$

$$P(x) \cdot Q(x) = (2x^2 - 1) \cdot (5x^2 + 2x + 1)$$

Se multiplicarán termino a término, es importante seguir un orden para no equivocarse, también se debe aplicar la regla de los signos:

$$P(x) \cdot Q(x) = (2x^2) \cdot (5x^2) + (2x^2) \cdot (2x) + (2x^2) \cdot 1 + (-1) \cdot (5x^2) + (-1) \cdot (2x) + (-1) \cdot (1)$$

$$P(x) \cdot Q(x) = 10x^4 + 4x^3 + 2x^2 - 5x^2 - 2x - 1$$

$$P(x) \cdot Q(x) = 10x^4 + 4x^3 - 3x^2 - 2x - 1$$

Se propondrán ejercicios con monomios y polinomios:

1	$(3x^2 + 4x - 1) + (2x^2 - 3x + 2)$
2	$(4x^3 - 2x^2 + 5x) - (x^2 + 3x - 1)$
3	$(2x^2 - 3x + 1) \cdot (x + 2)$
4	$(x^3 + 2x^2 - 4x) + (3x^2 - x + 3)$
5	$(2x^2 - 5x + 1) - (x^3 + 3x^2 - 2x)$
6	$(x^2 + 3x - 2) \cdot (2x - 1)$
7	$(4x^3 - 6x^2 + 2x) + (x^2 + 3x - 1)$
8	$(3x^2 - 4x + 1) - (2x^3 + 5x^2 - 3x)$
9	$(x^2 + 2x - 3) \cdot (x + 1)$
10	$(2x^3 - 5x^2 + 4x) + (x^2 + 3x - 2)$
11	$(2x^3 - 4x^2 + 3x) + (x^2 + 2x - 1)$
12	$(3x^2 + 5x - 2) - (2x^3 - x^2 + 4x)$
13	$(x^2 - 3x + 1) \cdot (2x + 1)$
14	$(4x^3 - 2x^2 + 5x) + (x^2 + 3x - 1)$
15	$(2x^2 - 4x + 3) - (x^3 + 2x^2 - 1)$
16	$(x^2 + 2x - 3) \cdot (3x - 1)$
17	$(3x^3 - 5x^2 + 2x) + (2x^2 + 3x - 1)$
18	$(2x^2 - 4x + 1) - (x^3 + 3x^2 - 2x)$
19	$(x^2 + 3x - 2) \cdot (x + 2)$
20	$(4x^3 - 6x^2 + 3x) + (x^2 + 2x - 1)$

DIVISIÓN DE POLINOMIOS

DATO HISTÓRICO DIVISIÓN DE POLINOMIOS:

El matemático al que se le acredita como uno de los primeros en realizar operaciones de división de polinomios fue Abdallah Muḥammad. Fue fundamental en el desarrollo del algebra de la época como ya se ha dicho. No obstante, cabe señalar que René Descartes formalizo el procedimiento usando la notación moderna. En su libro "La Géométrie" (1637).

La división de monomios se efectúa de la misma manera que la multiplicación, es decir, se dividen los coeficientes (números que acompañan a la parte literal) y se utilizan las propiedades de las potencias con la parte literal.

$$\frac{25x^5}{5x^3} = 5x^2$$

Sin embargo, la división de polinomios es un poco más compleja, se realiza un procedimiento similar al de la división convencional. En el siguiente ejemplo se verá paso a paso como se hace.

1. Primero se buscará un número que multiplicado por el primer término del divisor nos dé el mismo que el primer término del dividendo, además ese número multiplicará a una "x" con un exponente en el que la multiplicación nos de lo mismo que en el dividendo.

$$3x^4 - 2x^3 + 5x^2 - 7x + 1 \, \big| \, \underline{x^2 + 3x - 5}$$
$$3x^2$$

$3x^2 \cdot x^2 = 3x^4$ *Mentalmente tenemos que ver esta multiplicación*

2. Después se multiplica el cociente que se ha deducido, por todos los miembros del divisor y se pone el resultado debajo de cada término con el mismo coeficiente. Fijarse bien que todos van con el signo cambiado.

$$3x^4 - 2x^3 + 5x^2 - 7x + 1 \quad \underline{|x^2 + 3x - 5}$$
$$-3x^4 - 9x^3 + 15x^2$$
$$ 3x^2$$

3. Se sumarán todos los términos.

$$+\quad 3x^4 - 2x^3 + 5x^2 - 7x + 1 \quad \underline{|x^2 + 3x - 5}$$
$$-3x^4 - 9x^3 + 15x^2 \qquad\qquad 3x^2$$
$$\overline{-11x^3 + 20x^2 - 7x + 1}$$

4. Repitiendo el proceso se terminará la división:

$$+\quad 3x^4 - 2x^3 + 5x^2 - 7x + 1 \quad \underline{|x^2 + 3x - 5}$$
$$-3x^4 - 9x^3 + 15x^2 \qquad\qquad 3x^2 - 11x + 53$$
$$+\quad \overline{-11x^3 + 20x^2 - 7x + 1}$$
$$11x^3 + 33x^2 - 55x$$
$$+\quad \overline{53x^2 - 62x + 1}$$
$$-53x - 159x + 265$$
$$\overline{-231x + 266}$$

Se propondrán ahora los siguientes ejercicios:

1. $(x^3 - 3x^2 + 4x - 2) \div (x - 1)$

2. $(2x^4 - 6x^3 + 5x - 10) \div (x^2 - 1)$

3. $(x^3 + 2x^2 - 5x + 6) \div (x + 2)$

4. $(3x^4 - x^3 + 2x^2 - x + 7) \div (x^2 + x - 1)$

5. $(x^5 - 4x^4 + x^2 - x + 5) \div (x^2 - x + 1)$

6. $(4x^3 + 8x^2 - x - 3) \div (2x + 1)$

7. $(5x^4 - 3x^3 + 6x^2 - 2x + 9) \div (x^2 - 3x + 2)$

8. $(6x^5 - x^4 + 3x^3 - 4x + 10) \div (x^3 - 2x + 1)$

9. $(2x^3 - 3x^2 + x - 8) \div (x^2 + 2)$

10. $(x^4 - 2x^3 + x^2 + x - 1) \div (x^2 - x + 2)$

Sacar factor común

Sacar factor común es una operación matemática que viene de la propiedad distributiva de la multiplicación. Consiste en averiguar el factor que hay repetido en los diversos sumandos, la dificultad reside en saber factorizar los números e identificar tambien en la parte literal las letras comunes con el exponente más bajo.

Con ejemplos lo se verá más claro:

$$25a + 15b = 5 \cdot 5 \cdot a + 5 \cdot 3 \cdot b = 5(5a + 3b)$$

Se oberva como el 5 estaba repetido en ambos sumandos en la parte central del ejemplo se pueden ver el número 5.

$$2x^3 + 3x^2 = x^2(2x + 3)$$

Cuando se saca factor comun de una división, se debe buscar en este caso la x de menor exponente. Despúes se hacen divisiones entre cada uno de los monomios y lo que dé se pone dentro del paréntesis.

Se verá un ejemplo más complejo:

$$4yx^2 + 12xy^2 + 10x^3y^3 = 2xy(2x + 6y + 5x^2y^2)$$

Se proponen los siguientes ejercicios:

1. $6x^2 - 9x + 3$

2. $8a^2b - 4ab + 12ab^2$

3. $10x^3 + 5x^2 - 15x$

4. $14y^2 - 7y + 21$

5. $9x^2y + 3xy - 12xy^2$

6. $16a^3 - 8a^2 + 4a$

7. $12m^2n - 18mn + 6n$

8. $10p^2 - 15p + 5$

9. $20x^2y - 10xy + 30xy^2$

10. $18a^2b - 9ab + 27ab^2$

11. $12x^3y^2 - 18x^2y^3 + 24xy$

12. $15x^4y - 25x^3y^2 + 10x^2y^3$

13. $21x^3 - 14x^2 + 7x$

14. $8a^3b^2 - 4a^2b + 12ab^3$

15. $18x^4y^3 + 27x^3y^2 - 36x^2y$

16. $30a^2b^2c - 45a^3bc + 15ab^3c^2$

17. $24m^3n - 32m^2n^2 + 16mn^3$

18. $20p^4q^2 - 10p^3q + 30p^2q^3$

19. $35x^3y - 21x^2y^2 + 14xy^3$

20. $40a^2b^3 - 20a^3b^2 + 60ab$

IDENTIDADES NOTABLES

DATO HISTÓRICO IDENTIDADES NOTABLES "Brahmagupta":

Una figura destacada en el desarrollo temprano de estas identidades es el matemático indio Brahmagupta (598-668 d.C.). Brahmagupta, en su obra "Brahmasphutasiddhanta", formuló y utilizó identidades algebraicas que son reconocibles hoy, tales como las fórmulas de suma y producto de binomios.

Las identidades notables son fórmulas algebraicas que permiten simplificar y resolver expresiones de manera más eficiente. Estas identidades son derivadas del binomio de Newton y se estudian ampliamente en secundaria. Aquí se presentan las tres identidades notables más comunes y su utilidad en el álgebra:

$$\text{Cuadrado de la suma: } (a + b)^2 = a^2 + 2ab + b^2$$

$$\text{Cuadrado de la resta } (a - b)^2 = a^2 - 2ab + b^2$$

$$\text{Producto de una suma por una resta } (a + b) \cdot (a - b) = a^2 - b^2$$

Estas identidades no solo facilitan el cálculo manual, sino que también son fundamentales en la simplificación de expresiones algebraicas más complejas, resolución de ecuaciones y problemas de factorización. Además, al combinarlas con la técnica de sacar factor común, se pueden resolver una multitud de ejercicios en álgebra de manera más eficiente y con menor probabilidad de errores.

Ejemplos:

$$(2x + 3)^2 = (2x)^2 + 2 \cdot 2x \cdot 3 + 3^2 = 4x^2 + 12x + 9$$

$$(5x^2 - 2)^2 = (5x^2)^2 - 2 \cdot 5x^2 \cdot 2 + 2^2 = 25x^4 - 20x^2 + 4$$

$$(3a - 5)(3a + 5) = (3a)^2 - 5^2 = 9a^2 - 25$$

Se propondrán ahora unos ejercicios con estas identidades:

1. $(x + 7)^2$

2. $(3a - 4b)^2$

3. $(2m + 5n)^2$

4. $(x - 5)^2$

5. $(a + 3b)^2$

6. $(7p - 2q)^2$

7. $(5 + y)^2$

8. $(4x - 3)^2$

9. $(6 + z)^2$

10. $(t - 8u)^2$

11. $(a + b)(a - b)$

12. $(3x + 4)(3x - 4)$

13. $(5y + 2)(5y - 2)$

14. $(7a - 9b)(7a + 9b)$

15. $(2m + 3n)(2m - 3n)$

16. $(x - 6y)(x + 6y)$

17. $(4p - 5q)(4p + 5q)$

18. $(2x + 9)(2x - 9)$

19. $(3a - b)(3a + b)$

20. $(7m - 2n)(7m + 2n)$

Ahora unos más complejos, se tendrá que llegar a las identidades a partir de la solución:

1. $x^2 + 14x + 49$

2. $9a^2 - 24ab + 16b^2$

3. $4m^2 + 20mn + 25n^2$

4. $x^2 - 10x + 25$

5. $a^2 + 6ab + 9b^2$

6. $49p^2 - 28pq + 4q^2$

7. $25 + 10y + y^2$

8. $16x^2 - 24x + 9$

9. $36 + 12z + z^2$

10. $t^2 - 16tu + 64u^2$

11. $a^2 - b^2$

12. $9x^2 - 16$

13. $25y^2 - 4$

14. $49a^2 - 81b^2$

15. $4m^2 - 9n^2$

16. $x^2 - 36y^2$

17. $16p^2 - 25q^2$

18. $4x^2 - 81$

19. $9a^2 - b^2$

20. $49m^2 - 4n^2$

FACTORIZACIÓN: MÉTODO DE RUFFINI

DATO HISTÓRICO MÉTODO DE RUFFINI "Paolo Ruffini":

Paolo Ruffini fue un matemático, médico y filósofo italiano que nación en el año 1765 y murió en el año 1822. Se le conoce sobre todo por la creación de un método de aproximación o tanteo que lleva su nombre "Regla de Ruffini".

Ruffini fue capaz de elaborar un método para resolver polinomios de mayor complejidad, tuvo que dedicar su vida también a la medicina debido a la baja remuneración que recibía, era muy creyente de la religión católica. Fue colega y se escribía con Lagrange y Laplace.

Una anécdota de Ruffini es que no cedió ante las tropas de Napoleón y no le juró lealtad, perdiendo así su cátedra.

El método de Ruffini es un método de tanteo, sirve para factorizar polinomios con grado mayor que 2, ya que los polinomios de segundo grado se pueden factorizar con la ecuación de segundo grado.

Se desarrollará un ejemplo donde se pueden ver todos los pasos:

$$P(x) = x^5 - 3x^4 - 5x^3 + 15x^2 + 4x - 12$$

1. Se colocan en una tabla como aparece en el dibujo todos los coeficientes de cada término. Importante: si no hay término se pone un 0, además siempre debe haber termino independiente, si no lo hay se sacará factor común.

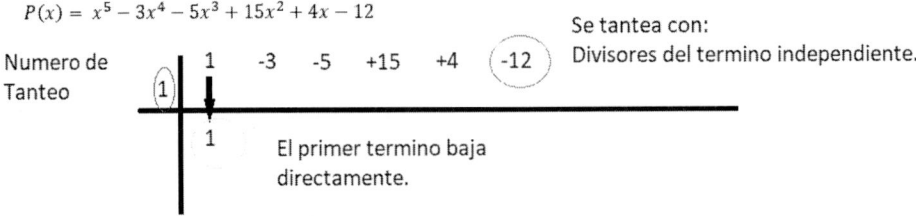

El número del círculo azul es el primer término con el que se tantea que es un divisor del número que está en el círculo rojo. El número del círculo amarillo baja directamente debajo de la raya. Debajo de esta línea aparecerá el cociente que es un polinomio de un grado menor que el polinomio inicial.

2. Se multiplica el número de tanteo por el termino debajo de línea, el resultado se pone encima de la línea y se suma, se repite el proceso con cada uno de los términos, observar que el ultimo término del cociente debe dar 0, para que sea una raíz o solución del polinomio.

$$P(x) = x^5 - 3x^4 - 5x^3 + 15x^2 + 4x - 12$$

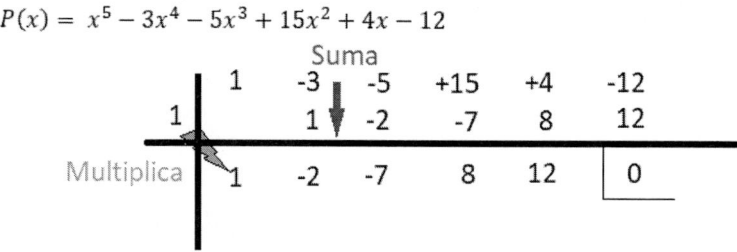

X = 1 sería una de las soluciones del polinomio y si se pasa el 1 al otro lado restando; (X-1) sería el factor del polinomio.

Los términos debajo de la línea serían el cociente, que forman un polinomio de un grado menor que el polinomio original, se podría escribir el polinomio así:

$$P(x) = (x - 1) \cdot (x^4 - 2x^3 - 7x^2 + 8x + 12)$$

Se puede usar el método de Ruffini como división de polinomios, siempre que se divida P(x) entre un binomio de grado uno de la forma: (x+a) o (x-a) siendo "a" un número real.

Obviamente se debe seguir factorizando repitiendo el proceso.

$P(x) = x^5 - 3x^4 - 5x^3 + 15x^2 + 4x - 12$

	1	-3	-5	+15	+4	-12
1		1	-2	-7	8	12
	1	-2	-7	8	12	0
-1		-1	3	4	-12	
	1	-3	-4	12	0	
2		2	-2	-12		
	1	-1	-6	0		
-2		-2	6			
	1	-3	0			
3		3				
	1	0				

Raices o Soluciones:	Factores:
x = 1	(x-1)
x = -1	(x+1)
x = 2	(x-2)
x = -2	(x+2)
x = 3	(x-3)

El polinomio quedaría:

$$P(x) = (x-1) \cdot (x+1) \cdot (x-2) \cdot (x+2) \cdot (x-3)$$

Cuando se explique la ecuación de segundo grado se añadirá una forma para hacer este método más sencillo.

Ejercicios propuestos para aplicar el método de Ruffini:

1. $x^3 - 4x^2 - 7x + 10$

2. $2x^3 + 3x^2 - 11x - 6$

3. $x^4 - x^3 - 7x^2 + x + 6$

4. $3x^3 - x^2 - 10x + 8$

5. $2x^3 - 5x^2 + x + 6$

6. $x^3 + 6x^2 + 11x + 6$

7. $4x^3 - 3x^2 - 25x + 6$

8. $x^3 + 3x^2 - 4x - 12$

9. $2x^4 - 3x^3 - 11x^2 + 6x + 9$

10. $x^3 - 7x^2 + 14x - 8$

11. $3x^4 + 5x^3 - 19x^2 - 25x + 10$

12. $2x^3 - 3x^2 - 5x + 6$

13. $x^3 + x^2 - 5x - 5$

14. $4x^3 - 8x^2 - x + 2$

15. $x^4 - 2x^3 - x^2 + 2x + 1$

16. $3x^3 - x^2 - 4x - 1$

17. $2x^3 + x^2 - 13x - 6$

18. $x^3 + 4x^2 - x - 6$

19. $2x^4 - x^3 - 15x^2 + x + 6$

20. $x^3 - 5x^2 + 2x + 8$

TEOREMA DEL RESTO Y TEOREMA DEL FACTOR

DATO HISTÓRICO TEOREMA DEL RESTO Y DEL FACTOR "Isaac Newton":

El inglés Isaac Newton nación en 1643 y murió en 1727 sentó las bases en el manejo de polinomios, para encontrar los factores de dichos polinomios.

Isaac ha sido el más grande científico de la historia, en sus años mirabilis 1666, Isaac cambió todas las reglas de la naturaleza, hizo avances en matemáticas, física y astronomía.

Cuentan la leyenda que Isaac cuando estaba en su pueblo de Woolsthorpe fue golpeado por una manzana lo que hizo que se diese cuenta de la atracción que ejercen las masas entre si creándose la fuerza de atracción gravitatoria o ley de gravitación universal. Todo esto son cuentos populares, el éxito de Newton impera en su constancia, trabajo y sacrificio.

Teorema del resto

El teorema del resto establece que si un polinomio P(x) de cualquier grado se dividirá entre un binomio de grado 1 del tipo (x+a) o (x-a), si se resuelve P(-a) para el primero o P(a) para el segundo nos dará el resto de la división.

Ejemplo:

$$P(x) = 3x^4 - 5x^3 + 15x^2 + 4x - 12$$

Si se divide entre (x-2) el resto se podría obtener como P(2):

$$P(2) = 3 \cdot 2^4 - 5 \cdot 2^3 + 15 \cdot 2^2 + 4 \cdot 2 - 12 = 64$$

El resto dará 64, se puede hacer la división por cualquier método y comprobarlo.

Teorema del factor

El teorema del factor establece que si un polinomio P(x) de cualquier grado se divide entre un binomio de grado 1 que es factor de P(x) del tipo (x+a) o (x-a), si se resuelve P(-a) para el primero o P(a) para el segundo nos dará un resto nulo.

Ejemplo:

$$P(x) = x^5 - 3x^4 - 5x^3 + 15x^2 + 4x - 12$$

Si se divide entre (x+1) el resto se podría obtener como P(-1):

$$P(-1) = (-1)^5 - 3(-1)^4 - 5(-1)^3 + 15(-1)^2 + 4(-1) - 12 = 0$$

El resto dará 0, se puede hacer la división por cualquier método y comprobarlo.

Ejercicios propuestos:

1. Encuentra el resto de dividir $P(x) = 2x^3 + 3x^2 - 5x + 7$ entre $(x - 1)$.

2. Encuentra el resto de dividir $P(x) = x^4 - 2x^3 + x - 4$ entre $(x + 2)$.

3. Determina si $x = -2$ es una raíz de $P(x) = x^3 + 4x^2 + 4x + 8$.

4. Determina si $x = 0$ es una raíz de $P(x) = 5x^3 - 4x^2 + x - 6$.

5. Encuentra el resto de dividir $P(x) = x^5 - x^4 + x^3 - x + 1$ entre $(x - 1)$.

6. Encuentra el resto de dividir $P(x) = 3x^3 - 2x^2 + x + 4$ entre $(x + 3)$.

7. Determina si $x = 3$ es una raíz de $P(x) = x^3 - 9x^2 + 27x - 27$.

8. Encuentra el resto de dividir $P(x) = x^4 + 2x^3 - 3x + 5$ entre $(x - 1)$.

9. Determina si $x = 2$ es una raíz de $P(x) = x^3 - 4x^2 + 4x$.

10. Encuentra el resto de dividir $P(x) = 4x^3 + 3x^2 - 2x + 1$ entre $(x + 1)$.

1. Determina el valor de m para que el polinomio $P(x) = x^3 + mx^2 + 5x + 6$ sea divisible por $(x + 1)$.

2. Determina el valor de k para que el polinomio $P(x) = x^3 + 2x^2 + kx - 8$ sea divisible por $(x - 2)$.

3. Encuentra el valor de m para que el resto de dividir $P(x) = x^4 + 3x^3 - 2x^2 + mx + 7$ entre $(x - 1)$ sea 5.

4. Encuentra el valor de k para que el resto de dividir $P(x) = 2x^3 - kx^2 + 4x - 3$ entre $(x + 2)$ sea 7.

5. Determina el valor de m para que el polinomio $P(x) = x^3 + mx^2 + 6x - 4$ sea divisible por $(x - 2)$.

6. Determina el valor de k para que el polinomio $P(x) = x^4 - kx^3 + x^2 - 5x + 10$ sea divisible por $(x + 1)$.

7. Encuentra el valor de m para que el resto de dividir $P(x) = x^3 + 4x^2 + mx - 2$ entre $(x - 3)$ sea 8.

8. Encuentra el valor de k para que el resto de dividir $P(x) = 3x^3 + kx^2 - 6x + 9$ entre $(x + 1)$ sea -4.

9. Determina el valor de m para que el polinomio $P(x) = x^4 + mx^3 + 3x^2 - x + 5$ sea divisible por $(x - 2)$.

ECUACIONES DE SEGUNDO GRADO

DATO HISTORICO ECUACIÓN DE SEGUNDO GRADO:

La ecuación de segundo grado tiene su origen en Babilonia hace más de 4000 años, donde se usaba una técnica equivalente a la que conocemos ahora, en Grecia matemáticos como Euclides y Diofanto trabajaron con ecuaciones cuadráticas, en la india Brahmagupta (598-668 d.C.) y Bhaskara (1114-1185 d.C.) también contribuyeron al algebra, Abdallah Muḥammad ya mencionado en anteriores capítulos fue el que más estudios realizó al respecto. En el renacimiento: Girolamo Cardano y François Viète avanzaron muchísimo para darle una forma más decorosa al algebra que conocemos ahora.

No se conoce un autor de la ecuación de segundo grado, pero la contribución que históricamente hicieron los grandes genios mencionados han depurado la ecuación para que sea enseñada en las escuelas.

La ecuación de Segundo Grado es método de resolución de polinomios de grado 2, en el cual no se necesita tantear el valor como en el método de Ruffini, por eso siempre que se tenga que resolver una ecuación de segundo se resolverá aplicando esta ecuación.

Sea el Polinomio:

$$P(x) = \pm ax^2 \pm bx \pm c$$

Se verá normalmente así:

$$P(x) = ax^2 + bx + c \quad ó \quad ax^2 + bx + c = 0$$

También se pone la ecuación igual a 0, para encontrar los valores de x que son factores y dan resto 0. Entendiendo que los coeficientes a, b y c pueden tener diferentes signos. Se aplicará la siguiente ecuación:

$$x = \frac{-b \pm \sqrt{b^2 - 4 \cdot a \cdot c}}{2 \cdot a}$$

Ejemplo:

$$P(x) = x^2 - 5x - 6 \quad \text{Se tiene que } a = 1, b = -5 \text{ y } c = -6$$

$$x = \frac{-(-5) \pm \sqrt{(-5)^2 - 4 \cdot 1 \cdot (-6)}}{2 \cdot 1}$$

$$x = \frac{5 \pm \sqrt{25 + 24}}{2}$$

$$x = \frac{5 \pm \sqrt{49}}{2}$$

$$x = \frac{5 + 7}{2} = 6 \quad \text{Raiz } x = 6 \text{ y el factor } (x - 6)$$

$$x = \frac{5 - 7}{2} = -1 \quad \text{Raiz } x = -1 \text{ y el factor } (x + 1)$$

$$P(x) = (x - 6) \cdot (x + 1)$$

Es importante observar que aparte de las soluciones 6 y -1, los factores son una herramienta básica en el algebra para poder luego, simplificar operaciones.

Ecuaciones de segundo grado incompletas

Se empezará por las que le falta el termino independiente:

$$P(x) = ax^2 + bx$$

Este tipo de ecuaciones se resuelve sacando factor común, por favor no lo resolváis con la ecuación, porque se tarda mucho más tiempo, además sacar factor común es una herramienta muy importante a la hora de simplificar polinomios.

Ejemplo:

$$P(x) = 3x^2 + 2x$$

Se sacará factor común de x, con lo cual ya se tendrá el polinomio factorizado:

$$P(x) = x \cdot (3x + 2)$$

$$x \cdot (3x + 2) = 0$$

Se observa que es una multiplicación que da como resultado 0, por lo tanto, para sacar las soluciones, se iguala a 0 cada factor.

$$x = 0$$

$$3x + 2 = 0 \ se \ despejará \ la \ x$$

$$x = \frac{-2}{3}$$

Otro tipo de ecuaciones es el que le falta el termino central, segundo término de la ecuación, estas se resuelven directamente.

$$P(x) = x^2 - 64$$

$$x^2 - 64 = 0 \ se \ despejará \ la \ x^2$$

$$x^2 = 64 \ se \ hará \ la \ raiz \ y \ valdrán \ dos \ soluciones$$

$$x = \pm\sqrt{64} \quad x = 8 \quad y \quad x = -8$$

$$P(x) = (x - 8) \cdot (x + 8)$$

Si se han practicado las identidades notables, se puede observar que se puede llegar al resultado con la tercera identidad notable.

Ejercicios Propuestos:

1. $x^2 + 5x + 6 = 0$

2. $2x^2 - 3x - 5 = 0$

3. $x^2 - 4 = 0$

4. $3x^2 + 6x = 0$

5. $x^2 - 7 = 0$

6. $4x^2 + 8x = 0$

7. $x^2 + 2x = 8$

8. $2x^2 - 3 = 0$

9. $x^2 - 5 = 0$

10. $5x^2 - 10x = 0$

11. $3x^2 - 2x = 1$

12. $x^2 + 6x = -9$

13. $2x^2 + 4x = 6$

14. $x^2 - 3x = -2$

15. $4x^2 - 4x = -1$

16. $x^2 + x = 12$

17. $x^2 - 2x = 3$

18. $x^2 + 4 = 0$

19. $3x^2 - 5x = -2$

20. $x^2 - 8x = -16$

Simplificación

Para realizar la simplificación de polinomios que normalmente se encontrarán en forma racional, es decir, en forma de división de polinomios. Se realizará con las herramientas que se están viendo en este extenso tema de análisis (identidades notables, sacar factor común, Ruffini...).

Para explicar la simplificación se harán varios ejemplos:

En el primer ejemplo se verá como habrá que sacar factor común, ya que ni el numerador ni el denominador tiene termino independiente, después se tendrá que resolver una ecuación de segundo grado.

$$\frac{2x^4 - 4x^3 + 6x^2}{x^3 - 2x^2}$$

$$\frac{2x^2(x^2 - 2x + 3)}{x^2(x - 2)} = \frac{2(x^2 - 2x + 3)}{(x - 2)} \quad el\ termino\ x^2\ se\ puede\ eliminar$$

$$\frac{2(x^2 - 2x + 3)}{(x - 2)} \quad en\ el\ numerador\ hay\ una\ ecuación\ de\ 2^{\underline{o}}$$

$$x^2 - 2x + 3$$

$$x = \frac{-b \pm \sqrt{b^2 - 4 \cdot a \cdot c}}{2 \cdot a}$$

$$x = \frac{-(-2) \pm \sqrt{(-2)^2 - 4 \cdot 3 \cdot 1}}{2 \cdot 1} = \frac{4 \pm \sqrt{4 - 12}}{2} = \frac{4 \pm \sqrt{-8}}{2} = \nexists\ No\ tiene\ solución$$

Al no poderse solucionar ya estaría simplificado:

$$\frac{2(x^2 - 2x + 3)}{(x - 2)}$$

Segundo ejemplo: Ahora se puede ver en el numerador un polinomio de grado 3, donde se tendrá que hacer Ruffini, en el denominador se tendrá que ver la identidad notable, o resolver la ecuación de segundo grado incompleta.

$$P(x) = \frac{x^3 + 2x^2 - x - 2}{x^2 - 4}$$

Se empezará con el numerador:

$$P(x) = \quad x^3 + 2\,x^2 - x - 2$$

	1	2	-1	-2
1		1	3	2
	1	3	2	0
-1		-1	-2	
	1	2	0	
-2		-2		
	1	0		

Raices o Soluciones:
x = 1
x = -1
x = -2

Factores:
(x-1)
(x+1)
(x+2)

$$P(x) = (x - 1) \cdot (x + 1) \cdot (x + 2)$$

Ahora el denominador:

$$x^2 - 4 = \ x^2 - 2^2$$

$$Producto\ de\ una\ suma\ por\ una\ resta\ (a + b) \cdot (a - b) = a^2 - b^2$$

$$(x + 2) \cdot (x - 2)$$

El resultado quedará:

$$P(x) = \frac{x^3 + 2x^2 - x - 2}{x^2 - 4} = \frac{(x + 1) \cdot (x - 1) \cdot (x + 2)}{(x + 2) \cdot (x - 2)}$$

$$P(x) = \frac{(x + 1) \cdot (x - 1) \cdot \cancel{(x + 2)}}{(x + 2) \cdot \cancel{(x - 2)}}$$

$$P(x) = \frac{(x + 1) \cdot (x - 1)}{(x - 2)}$$

Se propondrán algunos ejercicios de simplificación:

1. $\dfrac{2x^2+4x}{2x}$

2. $\dfrac{x^2-4}{x+2}$

3. $\dfrac{3x^2-3x}{6x}$

4. $\dfrac{x^2-9}{x^2+6x+9}$

5. $\dfrac{x^2-2x-3}{x^2-9}$

6. $\dfrac{x^2-1}{x+1}$

7. $\dfrac{4x^2-16}{8x}$

8. $\dfrac{x^2+5x+6}{x+2}$

9. $\dfrac{2x^2-8x}{4x}$

10. $\dfrac{x^2-6x+9}{x-3}$

11. $\dfrac{4x^2-1}{2x+1}$

12. $\dfrac{2x^2-8}{4x-8}$

13. $\dfrac{3x^2-12x+12}{3x}$

14. $\dfrac{x^2+4x+4}{x+2}$

15. $\dfrac{5x^2-5x}{10x}$

16. $\dfrac{x^2-4x+4}{x-2}$

17. $\dfrac{6x^2-3x}{3x}$

18. $\dfrac{x^2+2x-8}{x-2}$

19. $\dfrac{4x^2+8x}{2x}$

20. $\dfrac{x^2-4x+4}{x^2-2x}$

Operaciones con Fracciones Algebraicas

.Las fracciones algebraicas están compuestas como se ha visto en simplificación, de una división de polinomios. Para poder ejecutar operaciones con estas fracciones, se debe recordar las operaciones normales con fracciones numéricas.

El procedimiento es el mismo que con dichas fracciones, se debe sacar mínimo común múltiplo en los denominadores, en caso de que se pueda se debe simplificar.

Lo mejor es ver algún ejemplo:

$$\frac{3}{x} + \frac{(x-3)}{x^2-9} - \frac{x+4}{x+1} =$$

Antes de hacer el mínimo común múltiplo hay que factorizar todos los denominadores, si se puede se simplificará. Observad el ejemplo de arriba como la segunda fracción tiene una identidad notable en el denominador.

$$\frac{3}{x} + \frac{\cancel{(x-3)}}{(x+3) \cdot \cancel{(x-3)}} - \frac{x+4}{x+1} =$$

$$\frac{3}{x} + \frac{1}{x+3} - \frac{x+4}{x+1} = ahora\ sacaremos\ el\ m.c.m.$$

Fijarse que todos los factores son distintos, por lo que el m.c.m. será: x·(x+3)·(x+1)

$$\frac{3}{x} + \frac{1}{x+3} - \frac{x+4}{x+1} = \frac{}{x \cdot (x+3) \cdot (x+1)} + \frac{}{x \cdot (x+3) \cdot (x+1)} - \frac{}{x \cdot (x+3) \cdot (x+1)}$$

¿Qué se pone en el numerador? Se hace como en las fracciones numéricas, se divide el denominador del m.c.m. entre el denominador de la fracción, se haría mentalmente, no obstante, la operación que se debe realizar mentalmente es:

$$\frac{\cancel{x} \cdot (x+3) \cdot (x+1)}{\cancel{x}} = (x+3) \cdot (x+1), \frac{x \cdot \cancel{(x+3)} \cdot (x+1)}{\cancel{(x+3)}} = x \cdot (x+1) \quad y$$

$$\frac{x \cdot (x+3) \cdot \cancel{(x+1)}}{\cancel{(x+1)}} = x \cdot (x+3)$$

Estas operaciones se hacen mentalmente y luego se multiplica ese resultado por los numeradores:

$$\frac{3}{x} + \frac{1}{x+3} - \frac{x+4}{x+1} = \frac{3 \cdot (x+3) \cdot (x+1)}{x \cdot (x+3) \cdot (x+1)} + \frac{x \cdot (x+1)}{x \cdot (x+3) \cdot (x+1)} - \frac{x \cdot (x+3) \cdot (x+4)}{x \cdot (x+3) \cdot (x+1)}$$

$$\frac{3 \cdot (x+3) \cdot (x+1)}{x \cdot (x+3) \cdot (x+1)} + \frac{x \cdot (x+1)}{x \cdot (x+3) \cdot (x+1)} - \frac{x \cdot (x+3) \cdot (x+4)}{x \cdot (x+3) \cdot (x+1)}$$

$$\frac{3x^2 + 12x + 9}{x \cdot (x+3) \cdot (x+1)} + \frac{x^2 + x}{x \cdot (x+3) \cdot (x+1)} - \frac{x^3 + 7x^2 + 12x}{x \cdot (x+3) \cdot (x+1)}$$

Operando con cuidado del "-" que multiplica a todo el denominador de la tercera fracción:

$$\frac{3x^2 + 12x + 9 + x^2 + x - x^3 - 7x^2 - 12x}{x \cdot (x+3) \cdot (x+1)}$$

$$\frac{-x^3 - 3x^2 + x + 9}{x \cdot (x+3) \cdot (x+1)} \quad \textit{Siendo el resultado final}$$

Ejercicios propuestos para fracciones algebraicas:

1. $\dfrac{3x}{x^2-1} + \dfrac{2}{x+1}$

2. $\dfrac{x+1}{x^2-4} - \dfrac{x-2}{x+2}$

3. $\dfrac{2x}{x^2+x} + \dfrac{3}{x+1}$

4. $\dfrac{x-1}{x^2+x} - \dfrac{2}{x}$

5. $\dfrac{4}{x^2-9} + \dfrac{5x}{x^2-3x}$

6. $\dfrac{2}{x^2-1} + \dfrac{1}{x-1}$

7. $\dfrac{5x}{x^2-4} - \dfrac{3}{x+2}$

8. $\dfrac{x+3}{x^2+2x+1} + \dfrac{2}{x+1}$

9. $\dfrac{x}{x^2-x} - \dfrac{1}{x}$

10. $\dfrac{2x}{x^2-4} + \dfrac{3}{x-2}$

11. $\dfrac{x^2-1}{x+2} \cdot \dfrac{x+2}{x-1}$

12. $\dfrac{2x}{x^2-4} \div \dfrac{4}{x-2}$

13. $\dfrac{x^2+x}{2x} \cdot \dfrac{x+2}{x}$

14. $\dfrac{3x}{x^2-x} \div \dfrac{2}{x}$

15. $\dfrac{2x}{x^2+4x} \cdot \dfrac{x}{x+4}$

16. $\dfrac{x^2-4}{x+1} \cdot \dfrac{x+1}{x-2}$

17. $\dfrac{4x}{x^2-x-2} \div \dfrac{2}{x-2}$

18. $\dfrac{x^2+x-2}{x} \cdot \dfrac{x-1}{x+2}$

19. $\dfrac{3}{x^2-9} \div \dfrac{x-3}{x+3}$

20. $\dfrac{2x}{x^2+x-6} \cdot \dfrac{x+3}{2x-3}$

RESOLUCIÓN DE ECUACIONES

Se explicará cómo resolver todo tipo de ecuaciones, este capítulo resume la manera de resolver todas las ecuaciones que se encuentran en la ESO.

Ecuaciones de primer grado

Se comenzará con ejemplos fáciles hasta ejemplos más complejos.

$$5x + 8 = 3x - 9$$

Paso 1: $5x - 3x = -9 - 8$

Paso 2: $2x = -17$

Paso 3: $x = \dfrac{-17}{2}$

En el primer paso se han llevado los términos con x a un lado de la igualdad y los números al otro lado, los términos que suman pasan al otro lado restando y viceversa.

En el segundo paso se suman ambos lados de la igualdad.

En el tercer paso el 2 que multiplicaba a la x pasa dividiendo al otro lado.

Esta sencilla ecuación es la base de todas las ecuaciones. Se basa en mantener el principio de igualdad, para que veáis el desarrollo el procedimiento sería así.

$$5x + 8 = 3x - 9$$

Paso 1: $5x + 8 - 8 - 3x = 3x - 9 - 3x - 8$

Paso 2: $2x \cdot \dfrac{1}{2} = -17 \cdot \dfrac{1}{2}$

$$Paso\ 3: \quad x = \frac{-17}{2}$$

En el paso 1 se elimina el 8 restando -8 en ambos lados, igual que con el -3x.

En el paso 2 se multiplica por ½ en ambos lados de la igualdad.

Este procedimiento lo hacen muchos profesores, aunque me parece más complejo para que el alumno lo entienda.

Se seguirá con un ejemplo más complicado, habrá que eliminar paréntesis multiplicando el número que hay delante del paréntesis, si no hay número, será un +1 o un -1:

$$5x + 3 \cdot (2x + 9) = 5 + 2x - (3x + 2)$$

$$5x + 6x + 27 = 5 + 2x - 3x - 2 \ Observar\ como\ el\ signo\ es\ como\ multiplicar\ por - 1$$

$$5x + 6x - 2x + 3x = 5 - 2 - 27$$

$$12x = -24$$

$$x = \frac{-24}{12}$$

$$x = -2$$

Otro reto es cuando hay fracciones:

$$\frac{2x - 5}{5} - \frac{6x + 2}{3} = \frac{4x + 1}{6} - \frac{1}{2}$$

Se sacará m.c.m.

$$Paso\ 1: \frac{6 \cdot (2x - 5)}{30} - \frac{10 \cdot (6x + 2)}{30} = \frac{5 \cdot (4x + 1)}{30} - \frac{15 \cdot 1}{30}$$

$$Paso\ 2: \frac{12x - 30}{30} - \frac{60x + 20}{30} = \frac{20x + 5}{30} - \frac{15}{30}$$

$$Paso\ 3: \frac{12x - 30}{\cancel{30}} - \frac{60x + 20}{\cancel{30}} = \frac{20x + 5}{\cancel{30}} - \frac{15}{\cancel{30}}$$

Paso 1: El m.c.m. se pone en el denominador y después se divide entre el denominador de la ecuación principal, los resultados son 6, 10, 5 y 15 que multiplican al numerador.

Paso 2: Se multiplican los números mencionados en el paso 1 por los numeradores.

Paso 3: Se eliminan los denominadores y las fracciones que tenían un menos delante, se les pone un paréntesis, ya que el menos cambia a todo el signo.

$$Paso\ 3: 12x - 30 - (60x + 20) = 20x + 5 - 15$$

$$12x - 30 - 60x - 20 = 20x + 5 - 15$$

$$12x - 60x - 20x = 5 - 15 + 30 + 20$$

$$-68x = 40$$

$$x = \frac{40}{-68} = \frac{-10}{17}$$

$$x = \frac{-10}{17}$$

Todo este repertorio de ejercicios es la base de cualquier despeje que se encontrarán en secundaria y bachillerato, es muy válido para resolver las siguientes ecuaciones.

Se proponen los siguientes ejercicios de ecuaciones de 1er grado

1. $x + 3 = 7$

2. $2x - 4 = 8$

3. $3x + 5 = 14$

4. $4x - 7 = 9$

5. $5x + 6 = 21$

6. $6x - 8 = 10$

7. $7x + 9 = 30$

8. $8x - 10 = 22$

9. $9x + 11 = 38$

10. $10x - 12 = 28$

11. $2x + 5 = 3x - 7$

12. $4x - 9 = 2x + 11$

13. $5x + 3 = 7x - 17$

14. $6x - 4 = 8x + 6$

15. $3x + 7 = 4x - 5$

16. $2x - 6 = 3x + 8$

17. $5x + 9 = 3x + 19$

18. $7x - 2 = 5x + 12$

19. $4x + 15 = 6x + 3$

20. $3x - 8 = 2x + 10$

21. $\frac{x}{2} + 3 = 5$

22. $\frac{2x}{3} - 4 = 2$

23. $\frac{3x}{4} + 5 = 8$

24. $\frac{4x}{5} - 6 = 4$

25. $\frac{5x}{6} + 7 = 9$

26. $\frac{6x}{7} - 8 = 3$

27. $\frac{7x}{8} + 9 = 10$

28. $\frac{8x}{9} - 10 = 2$

29. $\frac{9x}{10} + 11 = 12$

30. $\frac{x+3}{2} - \frac{2x-1}{4} =$

31. $\frac{x+3}{2} - \frac{2x-1}{4} = 1$

32. $\frac{4x-5}{6} + \frac{3-x}{3} = 2$

33. $\frac{2x}{5} - \frac{4x-1}{10} = 3$

34. $\frac{3x+2}{x-1} = 4$

35. $\frac{x+5}{x-2} + \frac{2x-3}{x+2} = 3$

36. $\frac{x-4}{2} - \frac{3x+1}{3} = 5$

37. $\frac{5x-6}{x+1} = 2$

38. $\frac{2x+3}{x-4} + \frac{x-2}{x+3} = 1$

39. $\frac{3x+4}{2x-3} - \frac{x-1}{x+4} = 2$

40. $\frac{4x+5}{3x-2} + \frac{5x-4}{2x+3} = 3$

Ecuaciones de segundo grado

Las ecuaciones de segundo grado ya se han explicado, pero se verán algunos despejes en ecuaciones más complejas.

Se resolverá un ejemplo:

$$\frac{x+2}{x-1} + \frac{3x}{x+3} = 5$$

m.c.m: (x-1)·(x+3)

$$\frac{(x+2)\cdot(x+3)}{(x-1)\cdot(x+3)} + \frac{3x\cdot(x-1)}{(x-1)\cdot(x+3)} = \frac{5\cdot(x-1)\cdot(x+3)}{(x-1)\cdot(x+3)}$$

$$\frac{x^2+5x+6}{(x-1)\cdot(x+3)} + \frac{3x^2-3x}{(x-1)\cdot(x+3)} = \frac{5x^2+10x-15}{(x-1)\cdot(x+3)}$$

$$x^2 + 5x + 6 + 3x^2 - 3x = 5x^2 + 10x - 15$$

Igualando a 0:

$$x^2 + 5x + 6 + 3x^2 - 3x - 5x^2 - 10x + 15 = 0$$

$$-x^2 - 8x + 21 = 0$$

$$x = \frac{-b \pm \sqrt{b^2 - 4\cdot a\cdot c}}{2\cdot a}$$

$$x = \frac{-(-8) \pm \sqrt{(-8)^2 - 4\cdot(-1)\cdot 21}}{2\cdot(-1)}$$

$$x = \frac{8 \pm \sqrt{64 + 84}}{-2}$$

$$x = \frac{8 \pm \sqrt{148}}{-2} = -\frac{8 \pm 2\sqrt{37}}{2} = -4 \pm \sqrt{37}$$

Se proponen una serie de ejercicios de ecuaciones de segundo grado para resolver.

1. $\frac{x^2}{2} - \frac{3x}{4} = 1$

2. $\frac{5x}{3} + \frac{4}{x} = x$

3. $\frac{x}{x+1} + \frac{2x}{x-1} = 3$

4. $\frac{2x+3}{x} = 5$

5. $\frac{3x^2-2}{x-1} = 4$

6. $\frac{x^2-1}{2x+1} = 3$

7. $4x + \frac{5}{x} = 7$

8. $\frac{6}{x+2} + \frac{3}{x-2} = 1$

9. $\frac{2x+5}{x+1} = 3 + x$

10. $\frac{7x}{2x-1} - 3 = x$

11. $\frac{x^2+3x-4}{x-2} = x$

12. $\frac{4x}{x+3} + \frac{2}{x-1} = 5$

13. $\frac{5}{x} + \frac{3x}{x+2} = 4$

14. $\frac{3x^2-4x+1}{2x-3} = 2$

15. $\frac{2x+1}{x-1} = x + 3$

16. $\frac{4x^2-3}{x+1} = 5x$

17. $\frac{7}{x+2} - \frac{3x}{x-1} = 1$

18. $\frac{6x+5}{2x-3} = x + 1$

19. $\frac{x^2+4x}{x-2} = 3 + x$

20. $\frac{5x}{x+1} - \frac{2}{x-1} = 4$

21. $2x + \frac{3}{x-2} = \frac{4}{x+1}$

22. $\frac{x+2}{x-1} + \frac{3x}{x+3} = 5$

23. $\frac{4x}{x+2} = \frac{3}{x-1} + x$

24. $\frac{2x-3}{x+1} = x + \frac{4}{x-2}$

25. $\frac{x^2-2x+1}{x-3} = x + 4$

26. $\frac{5x-4}{x+2} = \frac{3x+1}{x-2}$

27. $\frac{3x^2-2x+1}{x+1} = x - \frac{4}{x-2}$

28. $\frac{4x+5}{x-1} = \frac{2x+1}{x+3}$

29. $\frac{7x-3}{x+1} = \frac{5x+2}{x-1}$

30. $\frac{6x^2-5x+4}{x+2} = \frac{4x+3}{x-3}$

Ecuaciones bicuadradas

Es un tipo de ecuaciones en las que faltan términos y se pueden calcular haciendo un cambio de variable. Hay varios tipos, pero en secundaria se ve el siguiente:

$$ax^4 + bx^2 + c =$$

Obviamente se pueden resolver por el método de Ruffini, pero recordad que ese método es de tanteo, es más seguro con el cambio de variable.

Se muestra un ejemplo:

$$x^4 - 5x^2 - 6 = 0$$

Cambio de variable: $x^2 = t$ *por tanto* $x^4 = t^2$

$t^2 - 5t - 6 = 0$ *Resolviendo la eq de 2º*

$$t = \frac{-(-5) \pm \sqrt{(-5)^2 - 4 \cdot (-6) \cdot 1}}{2 \cdot 1}$$

$$t = \frac{5 \pm \sqrt{49}}{2}$$

$t = \dfrac{5 \pm 7}{2}$ *Nos dará dos soluciones* $t = 6$ *y* $t = -1$

Se irá al cambio de variable:

$$x^2 = 6 \qquad x = \pm\sqrt{6}$$

$x^2 = -1 \qquad x = \pm\sqrt{-1}$ $\nexists$ *No tiene solución para* $t = -1$

Únicamente tiene dos soluciones $x = \pm\sqrt{6}x = \pm\sqrt{6}$.

Ejercicios propuestos:

1. $2x^4 - 3x^2 + 1 = 0$
2. $4x^4 + 5x^2 - 6 = 0$
3. $x^4 - 4x^2 + 4 = 0$
4. $3x^4 + 7x^2 - 2 = 0$
5. $5x^4 - 8x^2 + 3 = 0$
6. $6x^4 + x^2 - 5 = 0$
7. $x^4 + 2x^2 + 1 = 0$
8. $7x^4 - 2x^2 + 9 = 0$
9. $8x^4 + 3x^2 - 7 = 0$
10. $9x^4 - 6x^2 + 2 = 0$

Soluciones de los ejercicios:

1: $x = \pm 1, \pm \frac{\sqrt{2}}{2}$ 2: $x = \pm\sqrt{\frac{1}{2}}, \pm\sqrt{3}$ 3: $x = \pm\sqrt{2}$ 4: $x = \pm 1, \pm\frac{1}{\sqrt{3}}$ 5: $x = \pm 1, \pm\frac{1}{\sqrt{5}}$

6: $x = \pm\sqrt{\frac{5}{3}}, \pm\sqrt{\frac{1}{6}}$ 7: $x = \pm i$ 8: $x = \pm\sqrt{\frac{2}{7} \pm \frac{10i}{7}}$ 9: $x = \pm\sqrt{\frac{7}{8}}, \pm\sqrt{\frac{-1}{8}}$ 10: $x = \pm\sqrt{\frac{1}{3}}, \pm\sqrt{\frac{2}{3}}$

Ecuaciones Racionales o Radicales

Estas ecuaciones tienen raíces en uno o ambos lados de la ecuación, se resolverán elevando al cuadrado en ambos lados de la igualdad para resolver la ecuación. Es importante recordar las identidades notables, ya que en casi todos los ejercicios se tendrá que realizar una identidad notable.

Ejemplo:

$$\sqrt{x + 3} = x - 1$$

Se eleva al cuadrado en ambos lados de la ecuación:

$$(\sqrt{x + 3})^2 = (x - 1)^2$$

El cuadrado y la raíz se van, se resuelve la identidad notable:

$$x + 3 = x^2 - 2x + 1$$
$$x^2 - 3x - 2 = 0$$

Resolviendo la ecuación de segundo grado:

$$x = \frac{3 + \sqrt{17}}{2} \approx 3{,}56 \quad y \quad x = \frac{3 - \sqrt{17}}{2} \approx -0{,}56$$

Estas soluciones se sustituyen en la ecuación porque no siempre valen las dos.

$$para\ x = 3{,}56 \quad \sqrt{3.56 + 3} = 3.56 - 1$$

$$para\ x = 3{,}56 \quad 2{,}56 = 2{,}56 \ \textit{Si que vale}$$

$$para\ x = -0.56 \quad \sqrt{-0{,}56 + 3} = -0{,}56 - 1$$

$$para\ x = -0.56 \quad 1{,}56 = -1{,}56 \ \textit{No vale}$$

Cuando hay dos raíces se complica un poco, el ejercicio es más largo. Hay que intentar dejar en un lado la raíz más compleja y llevarse al otro lado la otra raíz. Después se procede igual.

$$\sqrt{x + 10} - \sqrt{x - 2} = 1$$
$$\sqrt{x + 10} = 1 + \sqrt{x - 2}$$
$$\left(\sqrt{x + 10}\right)^2 = \left(1 + \sqrt{x - 2}\right)^2$$

En el lado izquierdo de la igualdad el cuadrado se va con la raíz, pero en el derecho hay una identidad notable.

$$x + 10 = 1^2 + 2 \cdot 1 \cdot \sqrt{x-2} + \left(\sqrt{x-2}\right)^2$$

$$x + 10 = 1 + 2\sqrt{x-2} + x - 2$$

Se deja sola la raíz:

$$x + 10 - x - 1 + 2 = 2\sqrt{x-2}$$

$$11 = 2\sqrt{x-2}$$

$$\frac{11}{2} = \sqrt{x-2}$$

$$\left(\sqrt{x-2}\right)^2 = \left(\frac{11}{2}\right)^2$$

$$x - 2 = \frac{121}{4}$$

$$4 \cdot (x-2) = 121$$

$$4x - 8 = 121$$

$$4x = 121 + 8$$

$$x = \frac{129}{4} = 32{,}25$$

Se comprueba la solución:

$$\sqrt{32{,}25 + 10} - \sqrt{32{,}25 - 2} = 1$$

$$1 = 1$$

La solución es correcta.

Ejercicios propuestos:

1. $\sqrt{2x+3} = x+1$

2. $\sqrt{x+5} = x-3$

3. $\sqrt{3x-2} = x-1$

4. $\sqrt{4x+1} = x+2$

5. $\sqrt{x+6} = x-2$

6. $\sqrt{2x-7} = x-4$

7. $\sqrt{x+2} = 3-x$

8. $\sqrt{x+4} + \sqrt{x-1} = 5$

9. $\sqrt{5x+4} = x+3$

10. $\sqrt{x+7} - \sqrt{x-1} = 1$

Soluciones:

1: $x = 1, -2$ 2: $x = 4$ 3: $x = 1, \frac{1}{2}$ 4: $x = 3$ 5: $x = 4$

6: $x = 6$ 7: $x = 1$ 8: $x = 2$ 9: $x = 1$ 10: $x = 2, -6$

Ecuaciones Logarítmicas

Las ecuaciones logarítmicas ya han sido explicadas en el tema de Logaritmos. No obstante, se pondrán ejercicios para practicar.

1. $\log(x) = 2$

2. $\log_3(x) = 4$

3. $\log(x + 1) = 3$

4. $2\log(x) = \log(100)$

5. $\log_2(2x + 1) = 3$

6. $\log_5(x^2 + 1) = 1$

7. $\log(x - 2) + \log(x + 1) = 2$

8. $\frac{1}{2}\log_4(x) = 1$

9. $\log_3(2x - 1) - \log_3(x) = 1$

10. $\log_2(x^2 + 3x) = \log_2(8)$

Soluciones:

1: $x = 100$

2: $x = 81$

3: $x = 1000$

4: $x = 10$

5: $x = 3$

6: $x = 4$

7: $x = 3$

8: $x = 4$

9: $x = 3$

10: $x = 1, -4$

Ecuaciones Exponenciales

Las ecuaciones exponenciales serán ecuaciones que se pueden resolver siempre y cuando la base de los números exponenciales sea la misma, cuando eso no ocurre se tendría que recurrir al uso de logaritmos para resolverlas o incluso a métodos de tanteo. Se verán varios ejemplos ya que es la mejor manera de saber resolverlas.

Ejemplo con la misma base:

Primer ejemplo:

$$2^{x-5} = 16$$

$$2^{x-5} = 2^4$$

Se igualan los exponentes:

$$x - 5 = 4$$

$$x = 9$$

Segundo ejemplo, se necesita un cambio de variable:

$$2^x + 3 \cdot 2^{x-1} = 10$$

Observad que se usaran las propiedades de las potencias:

$$2^x + 3 \cdot 2^x \cdot 2^{-1} = 10$$

Se introduce el cambio de variable: $t = 2^x$

$$t + 3 \cdot t \cdot 2^{-1} = 10$$

$$t + \frac{3t}{2} = 10$$

$$\frac{2t}{2} + \frac{3t}{2} = \frac{20}{2}$$

$$2t + 3t = 20$$

$$5t = 20$$

$$t = 4$$

$$4 = 2^x$$

$$2^2 = 2^x$$

X = 2

¿Qué pasa si las bases no son iguales? Pues se tomarán logaritmos:

$$3^{x-1} = 22$$

$$\log 3^{x-1} = \log (22)$$

$$(x-1) \cdot \log 3 = \log (22)$$

$$(x-1) = \frac{\log (22)}{\log (3)}$$

Se puede usar la calculadora o se deja sin operar:

$$x = \frac{\log (22)}{\log (3)} + 1$$

Ejercicios propuestos:

1. $2^x = 16$

2. $3^{2x} = 81$

3. $4^{x-1} = 8$

4. $5^x = 25$

5. $2^{x+1} = 16$

6. $3^x = 9$

7. $10^{2x} = 100$

8. $e^{3x} = 20$

9. $7^{x-1} = 49$

10. $2^x + 3 \cdot 2^{x-1} = 10$

11. $3^{2x-1} = 27$

12. $5^{2x-3} = 25$

13. $4 \cdot 2^{x-2} = 8$

14. $9^{x+1} = 81$

15. $2^{3x-1} = 8$

16. $6^x = 36$

17. $8^{x-1} = 2$

18. $3^{x+2} = 27$

19. $e^{x-1} = 5$

20. $4^x + 4^{x-1} = 20$

Soluciones:

1. $x = 4$ 4. $x = 2$ 7. $x = 1$ 10. $x = 2$ 13. $x = 4$ 16. $x = 2$ 19. $x = \ln(5) + 1$

2. $x = \frac{4}{3}$ 5. $x = 3$ 8. $x = \frac{\ln(20)}{3}$ 11. $x = 1$ 14. $x = 1$ 17. $x = \frac{1}{3}$ 20. $x = 2$

3. $x = \frac{3}{2}$ 6. $x = 2$ 9. $x = 2$ 12. $x = 2$ 15. $x = 1$ 18. $x = 1$

Adicionales más difíciles:

$$1. \ 2^x + 3^{x-1} = 10$$

$$2. \ 4^{x^2 - 3x + 2} = 16$$

$$3. \ e^{2x} + e^x = 20$$

$$4. \ 2^{x^2 - x} = 16$$

$$5. \ 3^{2x} - 3^{x+1} = 0$$

Soluciones:

1. $x = 2$ 2. $x = 2 \circ x = 1$ 3. $x = \ln(5)$ 4. $x = 2 \circ x = -1$ 5. $x = \log_3(3) = 1$

Sistema de Ecuaciones

Los sistemas de ecuaciones implican despejar más de una sola variable, normalmente en secundaria se ven sistemas de 2 variables, se enseñará a resolver sistemas con cuatro métodos, sustitución, igualación, reducción y gráficamente. Así como a analizar cuando los sistemas se pueden resolver o no.

Reducción:

En el método de reducción se buscará eliminar una incógnita (cualquiera de ellas) para que quede una ecuación con una sola incógnita y resolverla.

Ejemplo:

$$\begin{aligned} 2x + 5y = 10 \\ x + 3y = 20 \end{aligned}$$

Sumando las dos ecuaciones se tiene que ir una de las dos incógnitas. Para ello en muchos casos se tiene que modificar una de las dos ecuaciones, o las dos. En este ejemplo se multiplicará la ecuación de abajo por (-2).

$$\begin{bmatrix} 2x + 5y = 10 \\ (x + 3y = 20) \cdot (-2) \end{bmatrix} \rightarrow \begin{bmatrix} 2x + 5y = 10 \\ -2x - 6y = -40 \end{bmatrix}$$

Si después de multiplicarse se suman las ecuaciones nos dará una ecuación que se puede despejar fácilmente:

$$+ \begin{bmatrix} 2x + 5y = 10 \\ -2x - 6y = -40 \end{bmatrix}$$
$$\overline{ -y = -30}$$
$$y = \frac{-30}{-1}$$

y = 30 sería el resultado de la incógnita "y". Para saber el valor de x, sencillamente se sustituye en la "y" y se despeja el valor de la x.

$$2x + 5 \cdot 30 = 10$$
$$x = \frac{10 - 150}{2}$$
$$x = \frac{10 - 150}{2}$$
$$x = -70$$

Sustitución:

Para resolver este sistema de ecuaciones, se tiene que despejar una de las dos incógnitas, la "x" o la "y" de cualquiera de las dos ecuaciones. Después de hacer esto, se sustituye esa ecuación en la otra.

Ejemplo

$$\begin{bmatrix} 2x + 5y = 10 \\ x + 3y = 20 \end{bmatrix}$$ *Se despeja la x de la segunda ecuación:* $x = (20 - 3y)$

Se sustituye dónde está la x de la otra ecuación: $x = (20 - 3y)$

$$2 \cdot (20 - 3y) + 5y = 10$$
$$40 - 6y + 5y = 10$$
$$40 - 10 = 6y - 5y$$
$$30 = y$$

Ahora donde está la "y" se pone 30 $x = (20 - 90)$ x = -70

Igualación:

Este método es muy parecido al de sustitución, se tiene que despejar la misma incógnita en las dos ecuaciones, después esas ecuaciones se igualan. En el ejemplo se verá más claro:

$\left.\begin{array}{l}2x + 5y = 10 \\ x + 3y = 20\end{array}\right]$ Se despeja la x de la primera ecuación: $x = \dfrac{10 - 5y}{2}$

Se despeja la x de la segunda ecuación: $x = (20 - 3y)$

Ahora se igualan las dos ecuaciones despejadas y después se despeja.

$$\frac{10 - 5y}{2} = (20 - 3y)$$

$$10 - 5y = 2 \cdot (20 - 3y)$$

$$10 - 5y = 40 - 6y$$

$$6y - 5y = 40 - 10$$

$$y = 30$$

Después el 30 se sustituye en cualquiera de las dos ecuaciones: $x = (20 - 90)$
x = -70

Método gráfico:

Este método es el más sencillo de los tres, consiste en representar una ecuación de la recta para cada una de las ecuaciones. El punto de corte será la solución del sistema.

Se realizará una tabla de valores para cada gráfica y luego se representarán las rectas, para hacer la gráfica se recomienda despejar la "y" de las dos ecuaciones:

$\left.\begin{array}{l}2x + 5y = 10 \\ x + 3y = 20\end{array}\right]$ Se despeja la x de la primera ecuación: $y = \dfrac{10 - 2x}{5}$

Se despeja la x de la segunda ecuación: $y = \dfrac{(20 - x)}{3}$

Para hacer la tabla de valores se sustituirán valores en la x (el valor numérico al azar) dando valores de y. Con dos puntos se podrá representar la recta, se recomienda hacer las tablas con 3 valores, también se recomienda que los valores den números enteros.

Primera ecuación, en esta tabla se puede ver que hay pocos valores que dan números enteros, hay que buscarlos, dando valores al azar:

x	y
0	2
1	8/5
2	6/5
-70	30
-5	0

Se hace igual con la segunda ecuación:

x	y
0	20/3
1	19/3
2	6
-70	30
-7	9

El punto de intersección de las rectas es la solución, x=-70 e y=30.

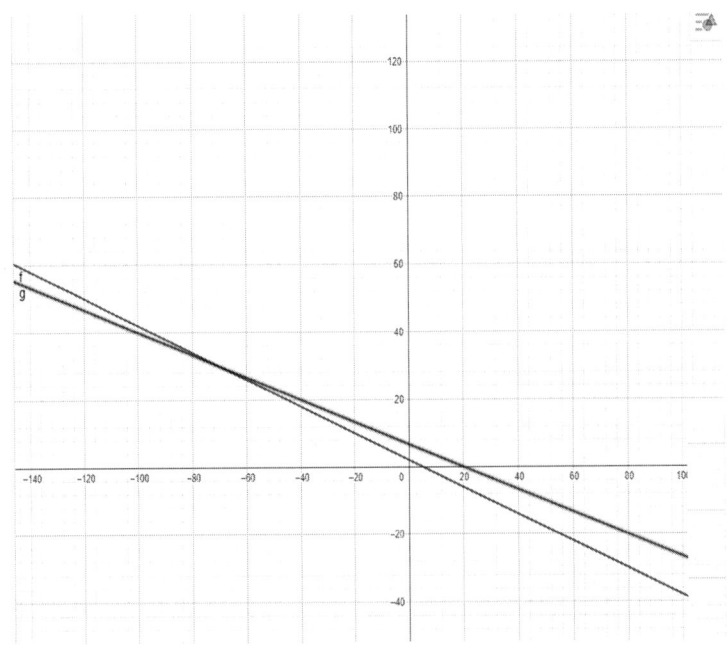

Ejercicios propuestos:

Reducción:

1. $\begin{cases} 2x + 3y = 5 \\ 4x - y = 11 \end{cases}$ 4. $\begin{cases} 5x + 3y = 2 \\ 10x + 6y = 4 \end{cases}$ 7. $\begin{cases} 4x + 5y = 1 \\ 6x - 2y = 8 \end{cases}$ 10. $\begin{cases} 4x + 7y = 5 \\ 8x - 3y = 9 \end{cases}$

2. $\begin{cases} 3x - 2y = 7 \\ 5x + 4y = -3 \end{cases}$ 5. $\begin{cases} 2x - 4y = 6 \\ 3x + y = -1 \end{cases}$ 8. $\begin{cases} 3x + y = 9 \\ -x + 2y = 4 \end{cases}$

3. $\begin{cases} x + 2y = 3 \\ 2x - y = 4 \end{cases}$ 6. $\begin{cases} x + y = 6 \\ 3x - y = 4 \end{cases}$ 9. $\begin{cases} 5x - 3y = -7 \\ 2x + 7y = 13 \end{cases}$

Soluciones:

1. $x = 2, y = -1$ 4. Sistema indeterminado (infinitas soluciones)   7. $x = 2, y = -1$

2. $x = 1, y = -2$ 5. $x = 1, y = -1$ 8. $x = 2, y = 3$

3. $x = 2, y = \frac{1}{2}$ 6. $x = 2, y = 4$ 9. $x = -1, y = 2$

10. $x = 2, y = -1$

Sustitución:

1. $\begin{cases} y = 2x + 1 \\ 3x - y = 4 \end{cases}$ 4. $\begin{cases} x = 5 - 3y \\ 4x + y = 7 \end{cases}$ 7. $\begin{cases} y = 4x - 7 \\ 5x + y = 9 \end{cases}$ 10. $\begin{cases} y = -x + 4 \\ 4x + 3y = 12 \end{cases}$

2. $\begin{cases} x = 4y - 3 \\ 2x + 3y = 12 \end{cases}$ 5. $\begin{cases} 2x = y + 3 \\ 3x + 2y = 14 \end{cases}$ 8. $\begin{cases} y = 2x + 5 \\ 3x - y = -4 \end{cases}$

3. $\begin{cases} y = x + 2 \\ x - 2y = -3 \end{cases}$ 6. $\begin{cases} x + 2y = 10 \\ x = 3y - 5 \end{cases}$ 9. $\begin{cases} x = 3y + 2 \\ 2x - y = 8 \end{cases}$

Soluciones:

1. $x = 1, y = 3$ 4. $x = 4, y = -1$ 7. $x = 2, y = 1$ 10. $x = 0, y = 4$

2. $x = -3, y = 0$ 5. $x = 3, y = 3$ 8. $x = -1, y = 3$

3. $x = 1, y = 3$ 6. $x = 1, y = 3$ 9. $x = 4, y = \frac{2}{3}$

Igualación:

1. $\begin{cases} y = 2x - 3 \\ y = 3x + 1 \end{cases}$ 4. $\begin{cases} y = x + 2 \\ y = -2x + 8 \end{cases}$ 7. $\begin{cases} y = 2x + 1 \\ y = -3x - 5 \end{cases}$ 10. $\begin{cases} y = 7x - 5 \\ y = x + 13 \end{cases}$

2. $\begin{cases} y = -x + 4 \\ y = 2x - 1 \end{cases}$ 5. $\begin{cases} y = 3x + 4 \\ y = -x + 6 \end{cases}$ 8. $\begin{cases} y = x - 4 \\ y = -x + 6 \end{cases}$

3. $\begin{cases} y = 4x + 7 \\ y = 2x - 5 \end{cases}$ 6. $\begin{cases} y = 5x - 3 \\ y = 3x + 7 \end{cases}$ 9. $\begin{cases} y = 6x + 2 \\ y = -2x + 14 \end{cases}$

Soluciones:

1. $x = -4, y = -11$ 4. $x = 2, y = 4$ 7. $x = -1, y = -1$

2. $x = \frac{5}{3}, y = \frac{1}{3}$ 5. $x = \frac{1}{2}, y = 4$ 8. $x = 5, y = 1$

3. $x = -6, y = -17$ 6. $x = 5, y = 22$ 9. $x = 1, y = 8$

10. $x = 3, y = 16$

Gráficamente:

1. $\begin{cases} y = 2x + 1 \\ y = -x + 4 \end{cases}$ 4. $\begin{cases} y = 4x + 2 \\ y = 2x - 6 \end{cases}$ 7. $\begin{cases} y = 2x + 3 \\ y = -3x + 7 \end{cases}$ 10. $\begin{cases} y = x + 3 \\ y = 2x - 5 \end{cases}$

2. $\begin{cases} y = x - 3 \\ y = 3x + 2 \end{cases}$ 5. $\begin{cases} y = x + 1 \\ y = -2x + 3 \end{cases}$ 8. $\begin{cases} y = x - 1 \\ y = 4x + 5 \end{cases}$

3. $\begin{cases} y = 3x - 1 \\ y = -x + 5 \end{cases}$ 6. $\begin{cases} y = 5x - 2 \\ y = x + 6 \end{cases}$ 9. $\begin{cases} y = 3x + 2 \\ y = -x + 4 \end{cases}$

Soluciones

1. $x = 1, y = 3$ 4. $x = -4, y = -14$ 7. $x = 1, y = 5$

2. $x = -1, y = -4$ 5. $x = \frac{2}{3}, y = \frac{5}{3}$ 8. $x = -2, y = -3$

3. $x = \frac{3}{2}, y = \frac{7}{2}$ 6. $x = 2, y = 8$ 9. $x = \frac{1}{2}, y = \frac{7}{2}$

10. $x = 2, y = -1$

Sistemas no lineales

Los sistemas de ecuaciones no lineales se resuelven utilizando alguno de los métodos que se han visto, a veces no se podrán utilizar todos los métodos que se han aprendido, seguramente se tendrá que elegir dependiendo del caso. Se mostrarán algunos ejemplos:

En el siguiente ejemplo se observará que resolverlo por reducción complicaría mucho la resolución:

$$\left.\begin{array}{r} x^2 + y^2 = 25 \\ x + y = 7 \end{array}\right]$$ *El método mas sencillo aquí es sustitución,obviamente se despeja la segunda ecuación*

$$\left.\begin{array}{r} x^2 + y^2 = 25 \\ x + y = 7 \end{array}\right] \quad x = (7 - y)$$

Se sustituye en la de arriba:

$$(7 - y)^2 + y^2 = 25$$

$$y^2 - 14y + 49 + y^2 = 25$$

$$2y^2 - 14y + 24 = 0$$

$$y^2 - 7y + 12 = 0$$

Se resuelve la ecuación de segundo grado: y = 4 e y = 3

Para y = 4 la x valdrá $x = (7 - 4) = 3$ x = 3

Para y = 3 la x valdrá $x = (7 - 3) = 4$ x = 4

$$\left.\begin{array}{r} 2x^2 + y^2 = 8 \\ x^2 - y^2 = 1 \end{array}\right]$$ El método mas sencillo aquí es reducción,ya que si se pueden sumar al tener mismo grado

$$\left.\begin{array}{r} 2x^2 + y^2 = 8 \\ x^2 - y^2 = 1 \end{array}\right]$$ *Si sumamos las dos ecuaciones la y^2 se va*

$$3x^2 = 9$$

$$x^2 = \frac{9}{3}$$

$$x = \pm\sqrt{3}$$

Sabiendo estos valores de x se pueden sustituir y se obtendrán los valores de y:

$$(\sqrt{3})^2 - y^2 = 1$$
$$(\sqrt{3})^2 - 1 = y^2$$
$$y^2 = 2$$
$$y = \pm\sqrt{2}$$

Ejercicios propuestos de sistemas no lineales:

1. $\begin{cases} x^2 + y^2 = 25 \\ x + y = 7 \end{cases}$
4. $\begin{cases} 2x^2 + y^2 = 8 \\ x^2 - y^2 = 1 \end{cases}$
7. $\begin{cases} x^2 - y = 4 \\ y^2 + x = 7 \end{cases}$
10. $\begin{cases} xy = 6 \\ x + y = 5 \end{cases}$

2. $\begin{cases} x^2 - y^2 = 16 \\ xy = 15 \end{cases}$
5. $\begin{cases} x^3 + y = 10 \\ x + y^2 = 6 \end{cases}$
8. $\begin{cases} x^2 + y = 11 \\ x + y^2 = 7 \end{cases}$
11. $\begin{cases} x^2 + y^2 = 20 \\ x - 2y = 1 \end{cases}$

3. $\begin{cases} x^2 + y^2 = 10 \\ xy = 4 \end{cases}$
6. $\begin{cases} x^2 + y^2 = 9 \\ x - y = 1 \end{cases}$
9. $\begin{cases} x^2 + y^2 = 13 \\ x - y = 2 \end{cases}$
12. $\begin{cases} x^2 - y^2 = 9 \\ x + y = 5 \end{cases}$

13. $\begin{cases} x^2 + 2y^2 = 14 \\ x^2 - y = 3 \end{cases}$
16. $\begin{cases} x^2 + y^2 = 17 \\ x + y = 1 \end{cases}$
19. $\begin{cases} x^2 + y^2 = 41 \\ x + 2y = 7 \end{cases}$

14. $\begin{cases} x^2 + y^2 = 34 \\ x - 3y = 1 \end{cases}$
17. $\begin{cases} x^2 + y^2 = 29 \\ x - y = 3 \end{cases}$
20. $\begin{cases} x^2 + y^2 = 26 \\ x - 2y = 3 \end{cases}$

15. $\begin{cases} x^2 + y = 8 \\ x + y^2 = 7 \end{cases}$
18. $\begin{cases} x^3 + y = 9 \\ x + y^3 = 10 \end{cases}$

Soluciones:

1. $\begin{cases} x = 3, y = 4 \\ x = 4, y = 3 \end{cases}$
4. $\begin{cases} x = \pm\sqrt{\frac{5}{3}}, y = \pm\sqrt{\frac{7}{3}} \\ x = \pm\sqrt{\frac{7}{3}}, y = \pm\sqrt{\frac{5}{3}} \end{cases}$
7. $\begin{cases} x = 2, y = -2 \\ x = -2, y = 2 \end{cases}$
10. $\begin{cases} x = 2, y = 3 \\ x = 3, y = 2 \end{cases}$

2. $\begin{cases} x = 5, y = 3 \\ x = -5, y = -3 \\ x = 3, y = 5 \\ x = -3, y = -5 \end{cases}$
5. $\begin{cases} x = 2, y = 2 \\ x = 3, y = 1 \end{cases}$
8. $\begin{cases} x = 3, y = 2 \\ x = -3, y = -2 \end{cases}$
11. $\begin{cases} x = 4, y = 1 \\ x = -4, y = -1 \end{cases}$

6. $\begin{cases} x = 2, y = 1 \\ x = -2, y = -1 \end{cases}$
9. $\begin{cases} x = 3, y = 1 \\ x = -3, y = -1 \end{cases}$
12. $\begin{cases} x = 3, y = 2 \\ x = -3, y = -2 \end{cases}$

3. $\begin{cases} x = 2, y = 2 \\ x = -2, y = -2 \end{cases}$

13. $\begin{cases} x = 3, y = 2 \\ x = -3, y = \cdot \end{cases}$
16. $\begin{cases} x = 4, y = -3 \\ x = -4, y = 3 \end{cases}$
19. $\begin{cases} x = 5, y = 1 \\ x = -5, y = -1 \end{cases}$

14. $\begin{cases} x = 4, y = 1 \\ x = -4, y = \cdot \end{cases}$
17. $\begin{cases} x = 3, y = 4 \\ x = -3, y = -4 \end{cases}$
20. $\begin{cases} x = 4, y = 1 \\ x = -4, y = -1 \end{cases}$

15. $\begin{cases} x = 2, y = 2 \\ x = -2, y = \cdot \end{cases}$
18. $\begin{cases} x = 2, y = 1 \\ x = -2, y = -1 \end{cases}$
21. $\begin{cases} x = 2, y = 5 \end{cases}$

Ejercicios propuestos de Sistemas de ecuaciones con logaritmos y exponenciales (Amplia tu conocimiento):

21. $\begin{cases} \log(x) + \log(y) = 1 \\ x + y = 10 \end{cases}$

24. $\begin{cases} \log(xy) = 1 \\ x + y = 5 \end{cases}$

27. $\begin{cases} \log(x) + \log(y^2) = 3 \\ x - y = 2 \end{cases}$

30. $\begin{cases} \log(x) + \log(y) = 1 \\ x + y = 2 \end{cases}$

22. $\begin{cases} \log(x) - \log(y) = 2 \\ xy = 100 \end{cases}$

25. $\begin{cases} \log(x) + \log(y) = 3 \\ x - y = 1 \end{cases}$

28. $\begin{cases} \log(xy) = 2 \\ x + y = 7 \end{cases}$

31. $\begin{cases} e^x + y = 3 \\ x + e^y = 4 \end{cases}$

23. $\begin{cases} \log(x) + \log(y) = 2 \\ x - y = 3 \end{cases}$

26. $\begin{cases} \log(x^2) + \log(y) = 2 \\ x + y = 4 \end{cases}$

29. $\begin{cases} \log(x) + \log(y) = 4 \\ x - y = 3 \end{cases}$

32. $\begin{cases} e^x - y = 1 \\ x + e^y = 2 \end{cases}$

33. $\begin{cases} e^x + e^y = 5 \\ x - y = 1 \end{cases}$

35. $\begin{cases} e^x - e^y = 2 \\ x + y = 1 \end{cases}$

38. $\begin{cases} e^x + y = 4 \\ x + e^y = 2 \end{cases}$

34. $\begin{cases} e^x + e^y = 4 \\ x + y = 2 \end{cases}$

36. $\begin{cases} e^x + y = 5 \\ x + e^y = 3 \end{cases}$

39. $\begin{cases} e^x - y = 3 \\ x + e^y = 1 \end{cases}$

35. $\begin{cases} e^x - e^y = 2 \\ x + y = 1 \end{cases}$

37. $\begin{cases} e^x + e^y = 7 \\ x - y = 2 \end{cases}$

40. $\begin{cases} e^x + e^y = 3 \\ x + y = 2 \end{cases}$

Soluciones:

21. $\{x = 2, y = 5$

27. $\{x = 3, y = 1$

33. $\{x = 1, y = 2$

39. $\{x = 1, y = 1$

22. $\{x = 10, y = 1$

28. $\{x = 4, y = 3$

34. $\{x = 1, y = 1$

40. $\{x = 1, y = 1$

23. $\{x = 4, y = 1$

29. $\{x = 5, y = 2$

35. $\{x = 1, y = 1$

24. $\{x = 2, y = 3$

30. $\{x = 1, y = 1$

36. $\{x = 1, y = 1$

25. $\{x = 5, y = 2$

31. $\{x = 1, y = 2$

37. $\{x = 1, y = 1$

26. $\{x = 2, y = 1$

32. $\{x = 1, y = 1$

38. $\{x = 1, y = 1$

PROBLEMAS DE RESOLUCIÓN DE ECUACIONES:

Lo más complejo del algebra es la resolución de problemas, una vez que se han dominado las ecuaciones, la aplicación de estos conocimientos al ámbito de los problemas es lo que otorga el conocimiento absoluto del algebra.

Es muy importante que cuando se hace un problema se intente imaginar lo que dice el problema a la vez que se hace un boceto de lo que ocurre, cada persona percibe la realidad de lo que dicta el problema en su cabeza, por lo que es muy importante ayudar a nuestro cerebro a construir el ejercicio.

Muchos de los ejercicios propuestos en este tema, probablemente el estudiante, no sea capaz de realizar todos con éxito, pero es importante que los intente hacer, además de preguntar en los que no sea capa, puede preguntar al autor de este libro, así como a sus profesores.

La intención de estos ejercicios es que el alumno se dé cuenta de sus carencias y practique para el amplio conocimiento de la asignatura.

Ecuaciones de Segundo Grado (10 Ejercicios)

1. La suma de dos números es 10 y su producto es 21. Encuentra los números.

2. El área de un rectángulo es 48 m^2 y su longitud es 4 metros más que su ancho. Encuentra las dimensiones del rectángulo.

3. Un jardín cuadrado tiene un área de 100 m^2. ¿Cuánto mide cada lado del jardín?

4. La diferencia entre el cuadrado de un número y cinco veces ese número es 14. Encuentra el número.

5. La altura de un triángulo es 3 metros menos que su base, y su área es 20 m^2. Encuentra la base y la altura del triángulo.

6. La suma de los cuadrados de dos números consecutivos es 41. Encuentra los números.

7. La base de un triángulo rectángulo mide 8 metros y su hipotenusa 10 metros. Encuentra la altura del triángulo.

8. Un proyectil es lanzado desde una altura de 50 metros con una velocidad inicial de 20 m/s. Su altura h(t) en metros después de t segundos está dada por h(t)=−5t2+20t+50. ¿Cuánto tiempo tarda el proyectil en alcanzar su altura máxima?

9. Un objeto cae desde una altura de 45 metros. Su altura h(t) en metros después de t segundos está dada por h(t)=45−5t2. ¿Después de cuánto tiempo toca el objeto el suelo?

10. La suma de los cuadrados de dos números es 50 y el doble del primero menos el segundo es 1. Encuentra los números.

Ecuaciones de Primer Grado (10 Ejercicios)

11. La suma de tres veces un número y 7 es igual a 22. Encuentra el número.

12. La diferencia entre cinco veces un número y 9 es igual a 6. Encuentra el número.

13. Si a un número le sumas 15 obtienes el doble del mismo número. Encuentra el número.

14. El perímetro de un rectángulo es 30 metros. Si la longitud es 2 metros más que el ancho, encuentra las dimensiones del rectángulo.

15. Un coche recorre 150 km en 3 horas. ¿A qué velocidad promedio viaja?

16. Un trabajador gana 2000€ al mes más una comisión de 50€ por cada venta. Si en un mes gana 3500€, ¿cuántas ventas hizo?

17. Si el triple de un número menos 4 es igual a 2, ¿cuál es el número?

18. La suma de cuatro veces un número y 3 es igual a 19. Encuentra el número.

19. La diferencia entre dos números es 7 y su suma es 23. Encuentra los números.

20. Un estudiante tiene 85 en un examen después de obtener 95 en otro. Si su promedio es 90, ¿qué nota obtuvo en el tercer examen?

Sistemas de Ecuaciones (10 Ejercicios)

21. La suma de dos números es 10 y su diferencia es 4. Encuentra los números.

22. La suma de dos números es 15 y su diferencia es 5. Encuentra los números.

23. En un zoológico, hay 30 animales entre tigres y leones. Si hay 4 tigres más que leones, ¿cuántos tigres y leones hay?

24. Una empresa produce dos tipos de productos, A y B. El producto A genera $5 de ganancia y el producto B $7. Si se vendieron 100 productos en total y la ganancia fue $620, ¿cuántos productos de cada tipo se vendieron?

25. Una tienda vende camisetas y pantalones. El precio de una camiseta es 10€ y el de un pantalón es 20€. Si en un día se vendieron 30 prendas y la recaudación fue 400€, ¿cuántas camisetas y pantalones se vendieron?

26. La suma de las edades de Ana y Ben es 30 años. Ana tiene 2 años más que Ben. Encuentra sus edades.

27. En una granja hay 50 animales entre gallinas y conejos. Si hay un total de 140 patas, ¿cuántas gallinas y conejos hay?

28. La suma de los ángulos interiores de un triángulo es 180°. Si uno de los ángulos es el doble del segundo y el tercer ángulo es 30° más que el segundo, ¿cuáles son los ángulos?

29. Dos coches parten al mismo tiempo de un mismo punto en direcciones opuestas. Uno viaja a 60 km/h y el otro a 40 km/h. ¿Después de cuánto tiempo estarán a 200 km de distancia?

30. Un total de 820€ se reparte entre dos personas de modo que una recibe 20€ menos que el doble de lo que recibe la otra. ¿Cuánto recibe cada una?

Soluciones:

1. $x=3, y=7$

2. $x=8, y=4$

3. $x=10$

4. $x=7, y=-2$

5. base=5, altura=2

6. $x=4, y=5$

7. altura=6

8. $t=2$

9. $t=3$

10. $x=3, y=4$

11. $x=5$

12. $x=3$

13. x=15

14. largo=8, ancho=7

15. v=50 km/h

16. ventas=30

17. x=2

18. x=4

19. x=15, y=8

20. nota=90

21. x=7, y=3

22. x=10, y=5

23. tigres=17, leones=13

24. A=40, B=60

25. camisetas=20, pantalones=10

26. Ana=16, Ben=14

27. gallinas=35, conejos=15

28. ángulos=60°,30°,90°

29. t=2

30. x=300, y=520

INECUACIONES

DATO HISTORICO INECUACIONES "Euclides":

El Griego Euclides fue uno de los pioneros en el campo de las ecuaciones con desigualdades, nació 325 a.C. y murió en 265 a. C. Se le conoce como el padre de la geometría. En su obra Los Elementos podemos encontrar estudios sobre desigualdades.

El rey Ptolomeo I, rey de Egipto, quería aprender geometría y le pidió a Ptolomeo un método más rápido para aprender geometría, en lugar de leer la famosa obra "Los Elementos". Euclides le respondió "No hay un camino real hacia la geometría". Dando a entender que el aprendizaje requiere un esfuerzo importante y no hay atajos.

Una inecuación es una medida comparativa, no es una igualdad, por lo que la simbología es diferente, en una inecuación el signo de igualdad "=" es modificado por signos comparativos ($>, \leq, \geq, <$).

"$>$" Significa mayor que.

"$<$" Significa menor que.

"$\leq$" Significa menor igual que.

"$\geq$" Significa mayor igual que.

Las inecuaciones abarcan diferentes tipos de resoluciones, ya que lo único que cambia es el símbolo de la igualdad por los símbolos mostrados.

Se mostrarán ejemplos de todos los modelos de ejercicios.

Ejemplo primero:

$5x - 10 \geq 8 + 7x$ *Se resuelve la inecuación como una ecuación.*

$5x - 7x \geq 8 + 10$

$-2x \geq 18$

El lado de la x tiene signo negativo, para que ese lado quede positivo se multiplica toda la ecuación por menos, siempre que se haga esto, el símbolo central se le da la vuelta.

$$2x \leq -18$$

$$x \leq \frac{-18}{2}$$

$$x \leq -9$$

Hay otra manera de hacer el ejercicio sin tener que dar la vuelta al símbolo central.

$5x - 10 \geq 8 + 7x$ *Se llevará la x para que no quede negativa*

$$-8 - 10 \geq 7x - 5x$$

$$-18 \geq 2x$$

$$\frac{-18}{2} \geq x$$

$$-9 \geq x$$

El resultado está correcto, pero normalmente se pondría así: $x \leq -9$

Otro ejemplo con polinomios o ecuaciones de segundo grado. Para resolver estas ecuaciones se tiene que igualar a 0.

$x^3 + x^2 - x - 1 > 0$ *la parte izquierda debe ser mayor que 0*

Se resuelve el ejercicio haciendo Ruffini, se puede ver como se hace en el capítulo de factorización.

Las soluciones de este polinomio son:

x = 1, x = -1 y x = -1 con los factores: (x-1) (x+1) y (x+1).

Esas soluciones se pondrán en la recta de los números reales:

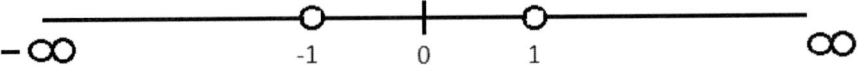

La recta de los números reales queda dividida en tres zonas desde menos infinito a -1, desde -1 a 1 y desde 1 a infinito. Tanto en el -1 y en el 1, el circulo está vacío ya que no están incluidos en la desigualdad ">".

Para que la desigualdad se cumpla el polinomio debe ser mayor que 0:

$$x^3 + x^2 - x - 1 > 0$$

Se sustituirá un número entre menos infinito y -1, por ejemplo, el -2:

$$(-2)^3 + (-2)^2 - (-2) - 1 > 0$$

$$-8 + 4 + 4 - 1 > 0$$

$$-1 > 0$$

En ese intervalo da negativo, por lo que el intervalo no sería valido, -1 no es mayor que 0.

Se sustituirá un valor entre -1 y 1, por ejemplo, el 0

$$(0)^3 + (0)^2 - (0) - 1 > 0$$

$$-1 > 0$$

En ese intervalo da negativo, por lo que el intervalo no sería valido, -1 no es mayor que 0.

Se sustituirá ahora un valor entre 1 e infinito.

$$(2)^3 + (2)^2 - (2) - 1 > 0$$

$$8 + 4 - 2 - 1 > 0$$

$$9 > 0$$

Este intervalo es el intervalo solución.

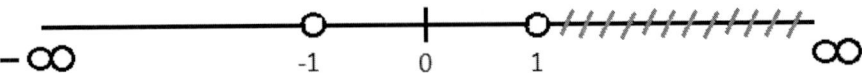

Hay un método para resolver este ejercicio, que consiste en hacer un cuadro usando los factores del polinomio, es un método muy recomendable para resolver polinomios complicados.

	x = -2	x = 0	x = 2
(x+1)	-	+	+
(x+1)	-	+	+
(x-1)	-	-	+

Se pone la recta igual que en el apartado anterior, después un cuadro donde se está una columna con los factores, en cada cuadro se sustituye el valor correspondiente a cada intervalo, que son x = -2, x = 0 y x = 2, esos valores se sustituyen en los factores. En el cuadro se ponen los signos que se obtiene.

	x = -2	x = 0	x = 2
(x+1)	-	+	+
(x+1)	-	+	+
(x-1)	-	-	+
	-	-	+

Debajo del cuadro se pone el resultado final, que viene dado de la multiplicación de los signos.

El método del cuadro también se puede realizar en el siguiente ejemplo, cuando la ecuación es racional:

$$\frac{(x + 2)}{(x - 1)} \geq 0$$

Para resolver esta inecuación se igualará por separado el numerador y el denominador a 0.

$$(x+2) = 0, x = -2$$

$$(x-1) = 0, x = 1$$

Después si se hace el cuadro igual que antes se obtendrá el siguiente resultado:

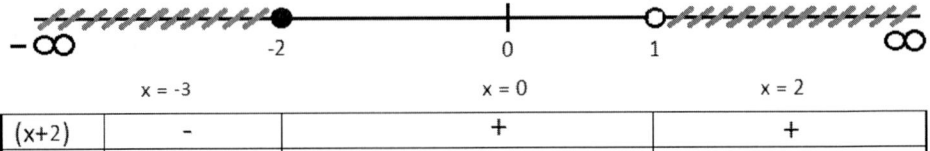

	x = -3	x = 0	x = 2
(x+2)	-	+	+
(x-1)	-	-	+
Solución	+	-	+

Ejercicios propuestos de inecuaciones:

1. $2x - 3 > 5$

2. $4x + 7 \leq 15$

3. $-3x + 2 \geq -7$

4. $5 - x < 3$

5. $6x + 8 \geq 2x + 12$

6. $7x - 4 \leq 3x + 10$

7. $9 - 2x > 3$

8. $-4x + 6 \leq 14$

9. $3x + 5 > 2x - 1$

10. $8x - 7 \geq 2x + 5$

11. $x^2 - 4x + 3 \geq 0$

12. $x^2 + 2x - 8 < 0$

13. $-x^2 + 5x - 6 \leq 0$

14. $x^2 - x - 12 > 0$

15. $2x^2 + 3x - 2 \leq 0$

16. $-3x^2 + 4x + 5 \geq 0$

17. $4x^2 - 4x - 8 < 0$

18. $x^3 - 2x^2 - x + 2 > 0$

19. $-2x^3 + 3x^2 + 4x - 5 \leq 0$

20. $x^4 - 5x^2 + 4 \geq 0$

21. $\frac{2x+1}{x-3} > 0$

22. $\frac{x^2-1}{x+2} \leq 0$

23. $\frac{3x-5}{x^2-4} < 0$

24. $\frac{x+4}{x-1} \geq 1$

25. $\frac{2x^2-3x+1}{x-2} > 0$

26. $\frac{x-7}{x^2-x-6} \leq 0$

27. $\frac{x^2-9}{x+3} < 0$

28. $\frac{3x^2-2x-1}{x^2-4} \geq 0$

29. $\frac{2x+5}{x^2-9} > 0$

30. $\frac{x^3-2x}{x^2-4x+3} \leq 0$

Soluciones

1. $x > 4$

2. $x \leq 2$

3. $x \leq 3$

4. $x > 2$

5. $x \geq 1$

6. $x \leq 3.5$

7. $x < 3$

8. $x \geq -2$

9. $x > -6$

10. $x \geq 2$

11. $x \leq 1$ o $x \geq 3$

12. $-4 < x < 2$

13. $2 \leq x \leq 3$

14. $x < -3$ o $x > 4$

15. $-2 \leq x \leq 0.5$

16. $-1 \leq x \leq \frac{5}{3}$

17. $-1 < x < 2$

18. $x < -1$ o $1 < x < 2$

19. $-1 \leq x \leq \frac{5}{2}$

20. $x \leq -2$ o $-1 \leq x \leq 1$ o $x \geq 2$

21. $x > 3$ o $x < -0.5$

22. $-2 \leq x < 1$ o $x \leq -1$

23. $-2 < x < 2$ y $x \neq \pm 2$

24. $x \geq 2$

25. $\frac{1}{2} < x < 2$

26. $x \leq -2$ o $1 \leq x < 3$

27. $-3 < x < 3$ y $x \neq -3$

28. $x \leq -2$ o $1 \leq x < 2$

29. $-3 < x < 3$ y $x \neq \pm 3$

30. $-3 < x < 1$ y $x \neq 0, 3$

SISTEMAS DE INECUACIONES

Los sistemas de inecuaciones, son inecuaciones en las que aparecen varias ecuaciones o varias ecuaciones con dos incógnitas, obviamente hay casos más complejos, pero solo se estudiarán los mencionados.

Se mostrará un ejemplo con varias ecuaciones.

$$\left.\begin{matrix} 5x + 2 \geq 3x - 2 \\ 9x - 5 < 13 \end{matrix}\right] \text{ se despeja cada una de las ecuaciones por separado}$$

$$\left.\begin{matrix} 5x + 3x \geq -2 - 2 \\ 9x < 13 + 5 \end{matrix}\right]$$

$$\left.\begin{matrix} 2x \geq -4 \\ 9x < 18 \end{matrix}\right]$$

$$\left.\begin{matrix} x \geq -2 \\ x < 9 \end{matrix}\right]$$

Ahora se representan las dos rectas por separado en dos rectas paralelas y con el 0 a la misma altura.

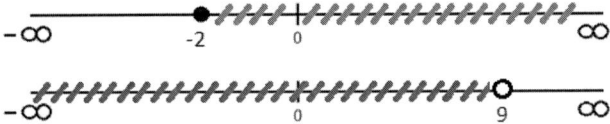

Seguidamente se representa la recta solución, que es el resultado de la intersección $(\cap)$ de las dos rectas.

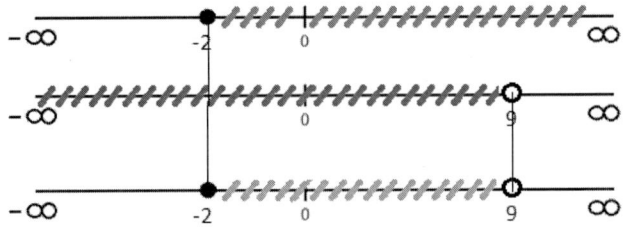

La solución será [-2,9).

Ahora se verá un ejemplo de un sistema de dos ecuaciones con dos incógnitas.

$$\begin{array}{|l}2x + 3y \geq 7 \\ x - y < 1\end{array}$$

Si se ha mostrado atención en el método grafico de resolución de sistemas, este método es muy similar, pero hay que tener en cuenta ciertas premisas cuando se representan las funciones.

Se harán dos tablas de para las dos ecuaciones despejando la y:

Ecuación primera:

$$y = \frac{7 - 2x}{3}$$

Tabla de Valores con 3 valores es suficiente:

x	Y
-1	3
2	1
-4	5

Se hará lo mismo con la segunda ecuación:

$$y = x - 1$$

Tabla de Valores con 3 valores es suficiente:

x	Y
-1	-2
2	1
0	-1

Ahora se representan las dos ecuaciones, hay que tener en cuenta que las ecuaciones en las que no hay un igual en la inecuación irán con línea discontinua. (<,>) Siempre línea discontinua. Se va a realizar paso a paso.

Primero se representa la primera recta, esta recta divide el plano en dos partes, la parte de arriba y la de abajo, se puede tomar cualquier punto del plano, pero el más fácil de tomar es el (0,0). Este punto se sustituye en la ecuación:

$$2x + 3y \geq 7$$

$$2 \cdot 0 + 3 \cdot 0 \geq 7$$

$$0 \geq 7$$

Como 0 no es mayor que 7, entonces ese punto no cumple, al ser un punto de la parte de abajo, la recta no vale en esa parte del plano, pero entonces sí que vale en la parte contraria, por eso las flechas van hacia arriba.

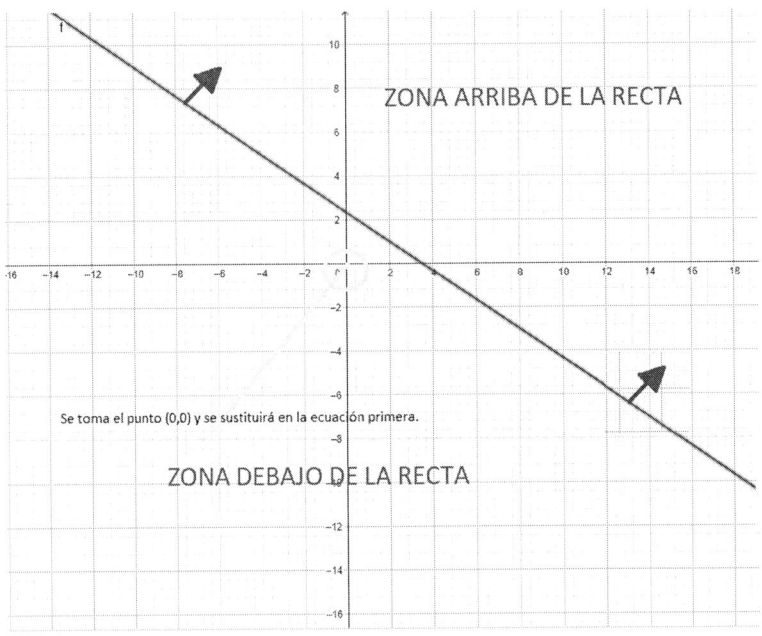

Se hace lo mismo con la otra recta:

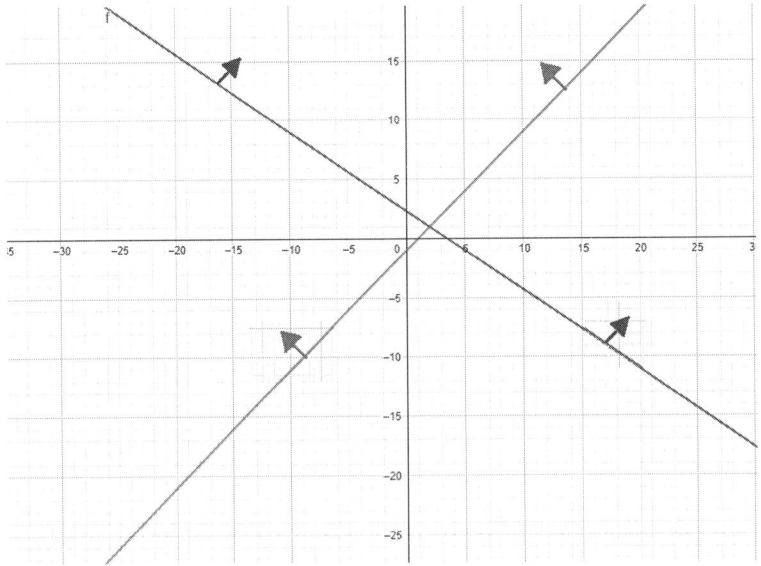

Finalmente, la solución se muestra con la parte en la que coinciden las flechas pintadas de un color.

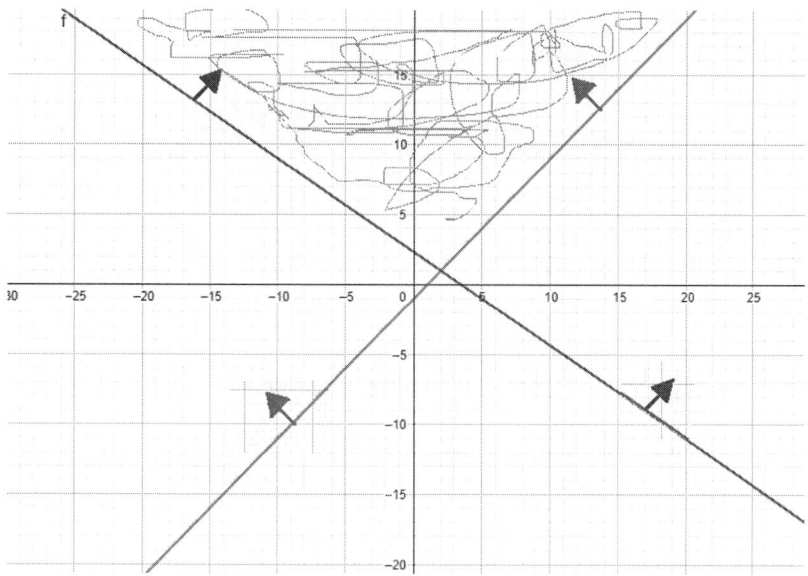

Ejercicios de sistemas de inecuaciones propuestos con una sola incógnita:

1. $\begin{cases} x + 2 > 5 \\ x - 1 < 3 \end{cases}$

2. $\begin{cases} 2x - 3 \geq 1 \\ x + 4 \leq 7 \end{cases}$

3. $\begin{cases} 3x + 1 > 4 \\ -x + 5 \leq 6 \end{cases}$

4. $\begin{cases} 4x - 2 < 6 \\ 2x + 3 \geq 9 \end{cases}$

5. $\begin{cases} -2x + 5 > 3 \\ 3x - 4 < 8 \end{cases}$

6. $\begin{cases} 5x - 7 \leq 13 \\ -3x + 2 > -4 \end{cases}$

7. $\begin{cases} -x - 4 < 2 \\ 4x + 3 \geq 11 \end{cases}$

8. $\begin{cases} 6x - 3 > 0 \\ 2x + 5 < 15 \end{cases}$

9. $\begin{cases} 7x + 2 \geq 16 \\ -4x + 8 < 12 \end{cases}$

10. $\begin{cases} 8x - 1 \leq 15 \\ 3x - 7 > -2 \end{cases}$

Ejercicios de sistemas de inecuaciones propuestos con dos incógnitas:

1. $\begin{cases} x + y > 2 \\ x - y < 4 \end{cases}$

2. $\begin{cases} 2x + y \geq 3 \\ x - 2y \leq 1 \end{cases}$

3. $\begin{cases} 3x - y > 1 \\ 2x + 3y < 12 \end{cases}$

4. $\begin{cases} x + 2y \leq 5 \\ -x + y \geq -2 \end{cases}$

5. $\begin{cases} 4x - y < 7 \\ x + y \geq 0 \end{cases}$

6. $\begin{cases} 2x + 3y > 6 \\ -x + 4y \leq 8 \end{cases}$

7. $\begin{cases} 5x - 2y \geq 3 \\ x - 3y < -1 \end{cases}$

8. $\begin{cases} x + y < 4 \\ 2x - y > 1 \end{cases}$

9. $\begin{cases} 3x + 2y \leq 9 \\ -2x + y \geq -3 \end{cases}$

10. $\begin{cases} x - y > -2 \\ 4x + y < 10 \end{cases}$

PROPORCIONALIDAD

DATO HISTÓRICO SEMEJANZA Y PROPORCIONALIDAD "Tales de Mileto":

Tales de Mileto nació en 624 a.C. y murió en 546 a.C. Fue filósofo, matemático, geómetra, físico y legislador griego. Aristóteles le consideró el creador de la escuela de Mileto. En ella estudió Anaximandro y Anaxímides. Se le consideraba uno de los Siete Sabios de Grecia.

Desarrolló el método de semejanza de triángulos que se estudia en la actualidad.

Varias son sus anécdotas:

Midió la altura de las Pirámides de Egipto, con sus conocimientos en geometría y observando la sombra de las mismas pudo calcular su altura.

Hizo una predicción de un eclipse Solar en el año 585 a.C. No se conoce como puedo hacer esos cálculos.

Elaboró el teorema que lleva su nombre.

Otra anécdota famosa es que mientras observaba las estrellas cayó en un pozo y una anciana que lo vio comentó que estaba tan distraído con el cielo que no veía lo que estaba delante.

Una magnitud es proporcional a otra cuando mantiene una relación matemática con ella. En cursos anteriores se ha estudiado la proporcionalidad directa, proporcionalidad inversa. Aquí se hará un muy breve resumen.

Proporcionalidad directa: es un tipo de proporción en la que un aumento de una magnitud produce un aumento de una segunda magnitud, una disminución de una magnitud produce una disminución de otra cantidad.

Proporcionalidad inversa: es un tipo de proporción en la que un aumento de una magnitud produce una disminución y viceversa.

Ejemplo de proporcionalidad directa:

Si 5 Kg de manzanas cuestan 12,50€ ¿cuánto costarán 8Kg?

$$\begin{array}{cc} Kg & € \\ 5 & 12,50 \\ 8 & x \end{array} \;\rightarrow\; \frac{5}{8} = \frac{12,50}{x} \rightarrow x = \frac{8 \cdot 12,50}{5} = 20\ €$$

Ejemplo de proporcionalidad inversa:

Si 3 pintores tardan 4 horas en pintar una casa, ¿cuánto tardarían 10 obreros?

$$\begin{array}{cc} Pintores & Tiempo \\ 3 & 4 \\ 10 & x \end{array} \;\rightarrow\; \begin{array}{cc} Pintores & Tiempo \\ 3 & x \\ 10 & 4 \end{array} \;\rightarrow\; x = \frac{3 * 4}{10} = 1,20\ horas$$

Nótese como se le da la vuelta al tiempo, porque un aumento de pintores hace que se tarde menos tiempo.

Después de este pequeño repaso, que es de cursos anteriores se verá la proporcionalidad del:

Teorema de Tales

Este teorema determina qué; si en un triángulo se dibuja un segmento paralelo a uno de sus lados, de manera que corte a los otros dos lados, se formará un triángulo proporcional al anterior.

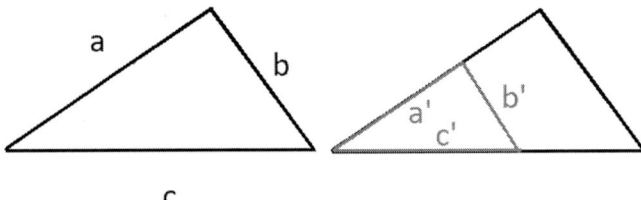

Al ser proporcionales, se pueden establecer las siguientes relaciones:

$$\frac{a}{c} = \frac{a'}{c'}, \frac{a}{b} = \frac{a'}{b'} \; o \; \frac{b}{c} = \frac{b'}{c'} = \cdots$$

Quiere decir que siempre que se conozcan los datos de un triángulo y un lado del triángulo desconocido, se podrán calcular el resto de medidas.

Teorema de Pitágoras

DATO HISTORICO PITÁGORAS:

Pitágoras nació en 570 a.C. y murió en 490 a.C. fue un filósofo y matemático griego. Contribuyo de manera significativa en el avance de las matemáticas.

Pitágoras formó una escuela llamada escuela Pitagórica, los miembros de esta escuela se comprometían a vivir según principios éticos y matemáticos, se dice que guardaban sus enseñanzas en secreto.

El teorema de Pitágoras nos dice que en un triángulo rectángulo (triángulo con un ángulo recto 90º), la suma al cuadrado de los catetos (lados más cortos) es igual al cuadrado de su hipotenusa.

$$hipotenusa^2 = cateto1^2 + cateto2^2$$

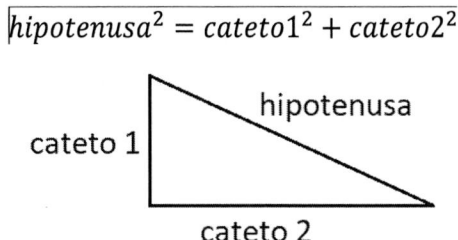

Este tema de proporcionalidad y semejanza, son recordatorio de temas vistos en cursos inferiores, por eso se ha hecho un breve resumen.

Ejercicios propuestos de tales, Pitágoras y proporcionalidad.

Proporcionalidad Inversa:

1. Si 5 trabajadores pueden completar una tarea en 8 días, ¿cuántos días tardarán 10 trabajadores en completar la misma tarea?

2. Un coche viaja a una velocidad de 60 km/h y tarda 4 horas en llegar a su destino. ¿Cuánto tiempo tardará en llegar si aumenta su velocidad a 80 km/h?

3. Una manguera puede llenar una piscina en 12 horas. ¿Cuánto tiempo tardarán 3 mangueras iguales en llenar la misma piscina?

4. Una máquina embotelladora llena 200 botellas en 5 horas. ¿Cuánto tiempo tardará en llenar las mismas 200 botellas si trabaja el doble de rápido?

5. Una bomba de agua puede vaciar un tanque en 10 horas. Si se usan 2 bombas de igual capacidad, ¿en cuántas horas se vaciará el tanque?

Proporcionalidad Directa

1. Si 3 kg de manzanas cuestan 6 euros, ¿cuánto costarán 7 kg de manzanas?

2. Un coche consume 8 litros de gasolina para recorrer 100 km. ¿Cuántos litros consumirá para recorrer 250 km?

3. Un trabajador gana 15 euros por hora. ¿Cuánto ganará en una semana si trabaja 40 horas?

4. Una receta requiere 200 g de azúcar para 4 porciones. ¿Cuánto azúcar se necesita para 10 porciones?

5. Si una tienda vende 5 camisetas por 25 euros, ¿cuánto costarán 12 camisetas?

Teorema de Tales

1. En un triángulo ABC, se traza una línea DE paralela a BC que corta a AB en D y a AC en E. Si AD = 3 cm, DB = 2 cm y AE = 4 cm, encuentra EC.

2. En un triángulo, se traza una línea paralela a uno de los lados que divide a los otros dos lados en segmentos de 5 cm y 3 cm respectivamente. Si el lado paralelo mide 12 cm, encuentra los otros segmentos.

3. En un triángulo ABC, se traza una línea DE paralela a BC que corta a AB en D y a AC en E. Si AD/DB = 2/3 y AE mide 6 cm, encuentra EC.

4. En un triángulo, se traza una línea paralela a uno de los lados, dividiendo los otros dos lados en segmentos de 7 cm y 9 cm respectivamente. Si el segmento paralelo mide 14 cm, calcula los segmentos restantes.

5. En un triángulo ABC, DE es una línea paralela a BC. Si AD = 4 cm, DB = 6 cm, y AE = 8 cm, encuentra EC.

Teorema de Pitágoras

1. En un triángulo rectángulo, los catetos miden 6 cm y 8 cm. Encuentra la hipotenusa.

2. Un triángulo rectángulo tiene una hipotenusa de 13 cm y un cateto de 5 cm. Encuentra el otro cateto.

3. Calcula la diagonal de un rectángulo cuyos lados miden 9 cm y 12 cm.

4. Un triángulo rectángulo tiene catetos de 7 cm y 24 cm. Encuentra la hipotenusa.

5. En un triángulo rectángulo, la hipotenusa mide 10 cm y uno de los catetos mide 6 cm. Encuentra el otro cateto.

TRIGONOMETRÍA

DATO HISTORICO TRIGONOMETRÍA "Hiparco de Nicea":

Hiparco de Nicea nació en 190 a.C. y murió en el 120 a.C. es considerado el padre de la trigonometría, fue el primero en desarrollar una tabla de cuerdas (conocido ahora como funciones trigonométricas) relacionaba las longitudes de los arcos de un círculo con los ángulos correspondientes.

Hiparco es conocido por la invención del astrolabio, un instrumento que se utiliza para determinar la posición de los cuerpos celestes. Fue utilizado para medir la posición de las estrellas y calcular las coordenadas celestes.

La trigonometría se empezó a usar en la antigua Grecia, es un recurso matemático que nos sirve para calcular distancias, estos cálculos están basados en la semejanza de triángulos, se comenzará explicando el origen de la trigonometría entendiendo de donde viene.

Se empezará explicando la circunferencia Goniométrica:

Circunferencia Goniométrica

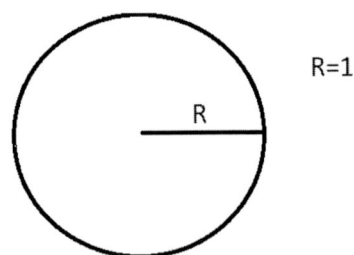

R=1

Esta es la circunferencia goniométrica, su radio mide la unidad, La longitud de esta circunferencia goniométrica sería: $L = 2 \cdot \pi \cdot R$ si R=1 $L = 2 \cdot \pi$ esta medida de longitud de la circunferencia se usó para medir ángulos, que se medirán en radianes. El origen de medir los ángulos en radianes en lugar de grados se comenzó a realizar en el siglo XVIII, para simplificar los cálculos.

Se tiene dos medidas de ángulos en Radianes y en Grados, la medida en grados data de la civilización sumeria, la medida en radianes se empezó a realizar en el siglo XVIII. Para poder pasar de una unidad a otra sería simplemente se puede realizar una regla de tres.

Medido en Grados la longitud completa son 360º y en Radianes es $L = 2 \cdot \pi$.

Ejemplo pasar 90º a radianes:

$$
\begin{array}{cc}
Grados & Radianes \\
360º & 2\pi \\
90 & x
\end{array}
\rightarrow x = \frac{360 \cdot 2\pi}{90} \rightarrow x = \frac{\pi}{2} rad
$$

(Es importante ver como el número π no se opera).

Ejemplo pasar $\frac{\pi}{6}$ radianes a grados:

$$
\begin{array}{cc}
Radianes & Grados \\
2\pi & 360 \\
\frac{\pi}{6} & x
\end{array}
\rightarrow x = \frac{360 \cdot \frac{\pi}{6}}{2\pi} = \frac{60\pi}{2\pi} \rightarrow x = 30º
$$

¿Como se usaba originalmente la trigonometría?

Si se imagina un ángulo de 30 grados dentro de la circunferencia goniométrica, se pueden calcular todos sus lados con el teorema de Pitágoras:

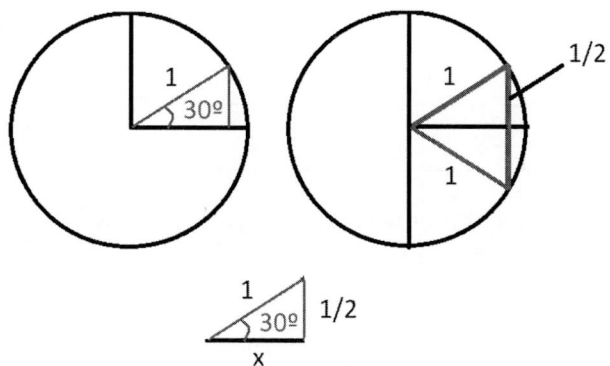

El triángulo que se tendrá de ángulo 30º tiene una unidad por hipotenusa y la mitad de la unidad como el cateto más pequeño, si se despeja el cateto restante con Pitágoras se obtendrá:

$$\left(\frac{1}{2}\right)^2 + x^2 = 1^2 \rightarrow x^2 = 1 - \frac{1}{4} \rightarrow x = \pm\sqrt{1 - \frac{1}{4}}$$

Si se toma el valor de x positivo:

$$x = \frac{\sqrt{3}}{2}$$

Con este triángulo se pueden utilizar semejanza y calcular cualquier otro triangulo semejante, sabiendo una medida, como se ha visto en el tema de semejanza de Tales.

$$\frac{1}{\frac{1}{2}} = \frac{b}{25} \rightarrow b = \frac{25 \cdot 1}{\frac{1}{2}} = 50$$

$$\frac{1}{\frac{\sqrt{3}}{2}} = \frac{50}{a} \rightarrow a = \frac{\frac{\sqrt{3}}{2} \cdot 50}{1} = 43{,}30$$

Despejar ángulos en la circunferencia y realizar Tales, se puede resolver fácilmente para los ángulos principales, sus complementarios y sus suplementarios. Estos son: 30. 45, 60 y 90º.

El problema de hacerlo como en el ejemplo anterior es cuando los ángulos son diferentes de los mencionados. En el caso por ejemplo de un ángulo de 33º, se hará con calculadora, ya que la calculadora utiliza aproximaciones de Taylor, esto se ve en la asignatura de Calculo en la universidad.

Es recomendable saber el valor del seno, coseno y tangente de los ángulos más representativos:

	$0^{\underline{o}}$	$30^{\underline{o}}$ o $\frac{\pi}{6}\,rad$	$45^{\underline{o}}$ o $\frac{\pi}{4}\,rad$	$60^{\underline{o}}$ o $\frac{\pi}{3}\,rad$	$90^{\underline{o}}$ o $\frac{\pi}{2}\,rad$	$180^{\underline{o}}$ o $\pi\,rad$	$270^{\underline{o}}$ o $\frac{3\pi}{2}\,rad$	$360^{\underline{o}}$ o $2\pi rad$
sen α	0	$\frac{1}{2}$	$\frac{\sqrt{2}}{2}$	$\frac{\sqrt{3}}{2}$	1	0	-1	0
cos α	1	$\frac{\sqrt{3}}{2}$	$\frac{\sqrt{2}}{2}$	$\frac{1}{2}$	0	-1	0	1
tg α	0	$\frac{\sqrt{3}}{3}$	1	$\sqrt{3}$	∞	0	$-\infty$	0

Uso de la trigonometría para calcular distancias

Ahora que se ha visto el origen de la trigonometría, se identificarán todas las identidades trigonométricas.

El seno de un ángulo es el cateto opuesto al ángulo entre la hipotenusa, el coseno es el cateto contiguo al ángulo partido por la hipotenusa y la tangente es la relación entre el seno y el coseno, estas son las principales razones trigonométricas.

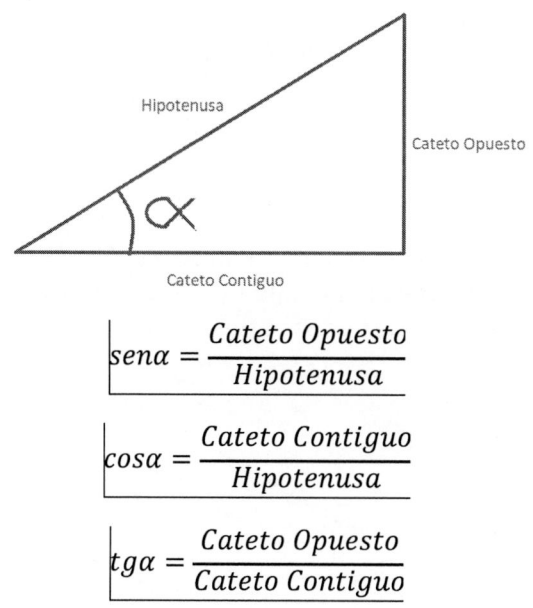

$$sen\alpha = \frac{Cateto\ Opuesto}{Hipotenusa}$$

$$cos\alpha = \frac{Cateto\ Contiguo}{Hipotenusa}$$

$$tg\alpha = \frac{Cateto\ Opuesto}{Cateto\ Contiguo}$$

Ejemplos de ejercicios para calcular distancias:

La sombra de un árbol es de 12 metros con un ángulo sobre la horizontal de 30º. ¿Cuál será la altura del árbol?

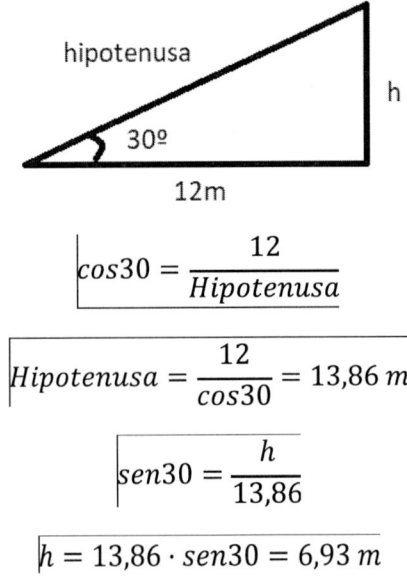

$$\cos 30 = \frac{12}{Hipotenusa}$$

$$Hipotenusa = \frac{12}{\cos 30} = 13,86\ m$$

$$sen30 = \frac{h}{13,86}$$

$$h = 13,86 \cdot sen30 = 6,93\ m$$

Se podría haber calculado también con la tg:

$$tg30 = \frac{h}{12}$$

$$h = 12 \cdot tg30$$

$$h = 6,93\ m$$

Se realizarán dos ejemplos de sistemas con las tg(α), donde pueden darse dos tipos de triángulos con dos planteamientos similares, estos ejemplos saldrán en los ejercicios con diferentes enunciados.

Primer ejemplo:

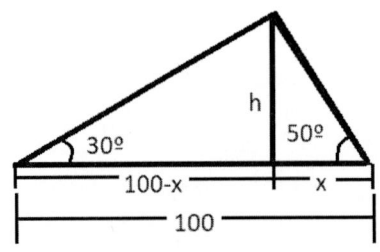

Se tienen dos triángulos uno con 30º y otro con 50º ambos comparten la misma altura "h", con lo cual se realizará un sistema con las tangentes, se resolverá por igualación, pero también se puede usar el método de sustitución:

$$\left.\begin{array}{l} tg(30) = \dfrac{h}{100 - x} \\ tg(50) = \dfrac{h}{x} \end{array}\right] \rightarrow \left.\begin{array}{l} h = tg(30) \cdot (100 - x) \\ h = tg(50) \cdot x \end{array}\right]$$

$$tg(30) \cdot (100 - x) = tg(50) \cdot x$$

$$tg(30) \cdot (100 - x) = tg(50) \cdot x$$

$$0{,}57 \cdot (100 - x) = 1{,}19 \cdot x$$

$$57 - 0{,}57x = 1{,}19x$$

$$57 = 1{,}19x + 0{,}57x$$

$$57 = 1{,}76 \cdot x$$

$$x = \dfrac{57}{1{,}76} = 32{,}35$$

$$h = tg(50) \cdot 32{,}35 = 38{,}56$$

Segundo ejemplo:

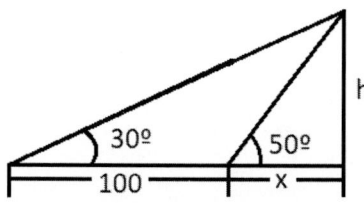

Se tienen dos triángulos rectángulos, es importante ver estos dos triángulos:

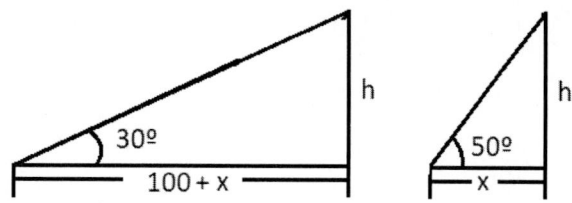

$$\left. \begin{array}{l} tg(30) = \dfrac{h}{100+x} \\[3mm] tg(50) = \dfrac{h}{x} \end{array} \right] \rightarrow \left. \begin{array}{l} h = tg(30) \cdot (100+x) \\[2mm] h = tg(50) \cdot x \end{array} \right]$$

$$tg(30) \cdot (100+x) = tg(50) \cdot x$$

$$tg(30) \cdot (100+x) = tg(50) \cdot x$$

$$0,57 \cdot (100+x) = 1,19 \cdot x$$

$$57 + 0,57x = 1,19x$$

$$57 = 1,19x - 0,57x$$

$$57 = 062 \cdot x$$

$$x = \dfrac{57}{0,62} = 91,94$$

$$h = tg(50) \cdot 91,94 = 109,56$$

Ejercicios propuestos de trigonometría para el cálculo de triángulos:

1. Calcula el ángulo θ en un triángulo rectángulo si $\tan(\theta) = \frac{3}{4}$.

2. Encuentra el valor de x en un triángulo rectángulo si $\sin(30°) = \frac{x}{10}$.

3. Un triángulo tiene ángulos de 30° y 60°. Calcula la longitud del lado opuesto al ángulo de 60° si el lado opuesto al ángulo de 30° mide 5 cm.

4. En un triángulo rectángulo, si $\cos(\alpha) = 0.6$ y la hipotenusa mide 10 cm, encuentra la longitud de los catetos.

5. Calcula el ángulo θ si $\sin(\theta) = 0.5$ en un triángulo rectángulo.

6. Un triángulo tiene lados de 8 cm y 15 cm y el ángulo opuesto al tercer lado es de 90°. Encuentra la longitud del tercer lado.

7. En un triángulo rectángulo, si $\tan(\beta) = 0.75$ y uno de los catetos mide 9 cm, encuentra la longitud del otro cateto y la hipotenusa.

8. Calcula la longitud de la hipotenusa en un triángulo rectángulo si los catetos miden 5 cm y 12 cm.

9. Encuentra el ángulo θ si $\cos(\theta) = 0.8$.

10. Un triángulo tiene ángulos de 45° y 45°. Si la hipotenusa mide 10 cm, calcula la longitud de los catetos.

11. Calcula la altura de un triángulo equilátero cuyo lado mide 10 cm.

12. En un triángulo rectángulo, si $\tan(\gamma) = $ ↓ y la hipotenusa mide 13 cm, encuentra la longitud de

Soluciones:

1. $\theta \approx 36.87°$	4. 6 cm y 8 cm	7. 12 cm y 15 cm	10. $5\sqrt{2}$ cm
2. $x = 5$	5. $\theta = 30°$	8. 13 cm	11. $5\sqrt{3}$ cm
3. $5\sqrt{3}$ cm	6. 17 cm	9. $\theta \approx 36.87°$	12. 3 cm y 12 cm

Ejercicios con sistemas de tangentes:

1. Javier ve lo alto de una torre bajo un ángulo de 60º. Se aleja de la torre 10 metros y observa lo alto bajo un ángulo de 33º. Calcula la altura de la torre.

2. Desde el pueblo A se observa un globo con un ángulo de elevación de 30º. Desde el pueblo B, que está a 2000 metros de distancia de A, el ángulo de elevación del globo es de 50º. Calcula la altura del globo.

3. María observa la cima de una montaña bajo un ángulo de 45º. Después de caminar 100 metros hacia la montaña, observa la cima bajo un ángulo de 60º. Calcula la altura de la montaña.

4. Desde un punto A, un piloto observa un globo aerostático con un ángulo de elevación de 40º. Después de volar 500 metros horizontalmente hacia el globo, observa el globo bajo un ángulo de 75º. Calcula la altura del globo.

5. Un observador ve la cima de una colina bajo un ángulo de 50º. Luego se aleja 30 metros y observa la cima bajo un ángulo de 25º. Calcula la altura de la colina.

6. Desde la base de una torre, un observador ve la cima bajo un ángulo de 70º. Después de caminar 15 metros alejándose de la torre, el ángulo de elevación es de 40º. Calcula la altura de la torre.

Soluciones:

1. $h \approx 5.76$ metros

2. $h \approx 918.5$ metros

3. $h \approx 136.6$ metros

4. $h \approx 619.1$ metros

5. $h \approx 26.8$ metros

6. $h \approx 38.6$ metros

En la circunferencia trigonométrica, como la hipotenusa toma el valor de 1, se observarán también los cuadrantes:

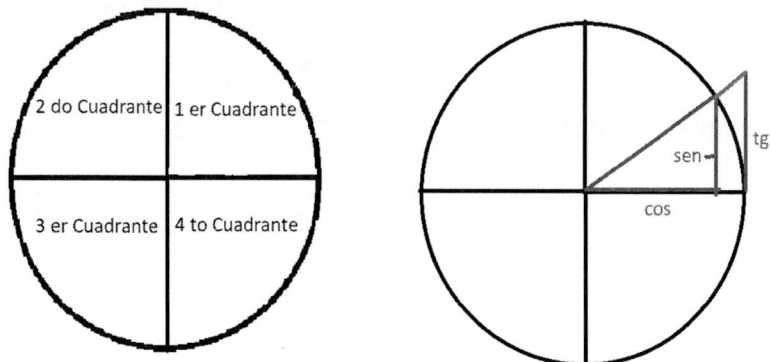

Al observar que la circunferencia tiene 4 cuadrantes, se puede intuir que hay valores de ángulos superiores a 90º, por lo que las razones trigonométricas de esos ángulos pueden tener diferentes signos. Se mostrará como varían esos signos:

Si se imaginan los ejes de coordenadas, se entenderán fácilmente los signos de las identidades:

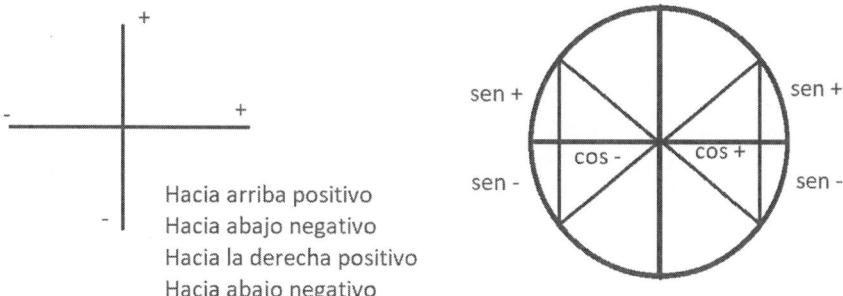

La tg es sen/cos, por lo que simplemente hay que observar el cuadrante y dividir los signos:

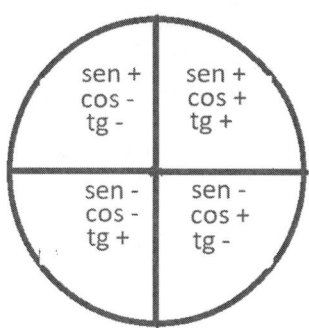

Además de los signos de las razones trigonométricas dependiendo del cuadrante, se debe tener en cuenta también la simetría de los ángulos, que hace que muchas razones trigonométricas tenga idéntico valor según sean ángulos complementarios, ángulos suplementarios, ángulos del 3er o del 4 to cuadrante.

Ángulos complementarios:

Estos ángulos suman 90º o $\frac{\pi}{2}$rad se les conoce como 90-α. Con un ejemplo se verá fácilmente. Se dibujará un ángulo de 30º y otro de 60º.

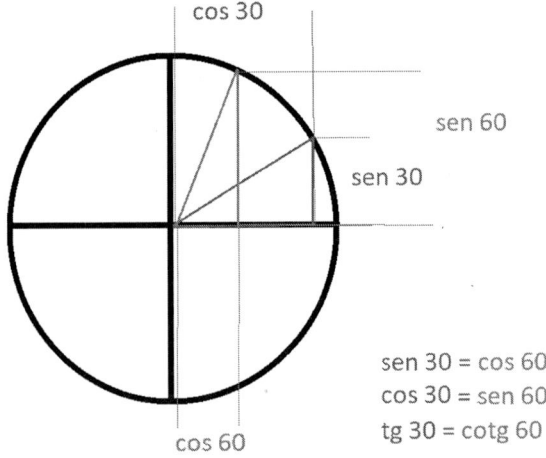

En el dibujo se puede observar cómo los valores de las razones tienen igual longitud.

Quedaría:

$$sen(\alpha) = \cos(90 - \alpha)$$

$$\cos(\alpha) = sen(90 - \alpha)$$

$$tg(\alpha) = \text{ctg}(90 - \alpha)$$

(*) Sea ctg(α) la inversa de la tg(α).

Ángulos suplementarios 180-α:

Los ángulos suplementarios suman 180º o $\pi\ rad$:

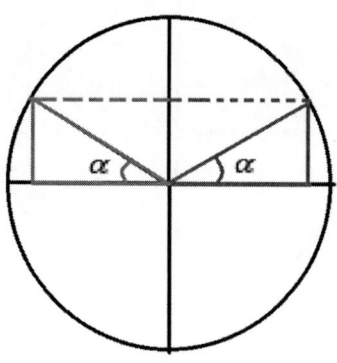

$$sen(\alpha) = sen(180 - \alpha)$$

$$cos(\alpha) = -\cos(180 - \alpha)$$

$$tg(\alpha) = -tg(180 - \alpha)$$

Ángulos suplementarios del tercer cuadrante 180+α:

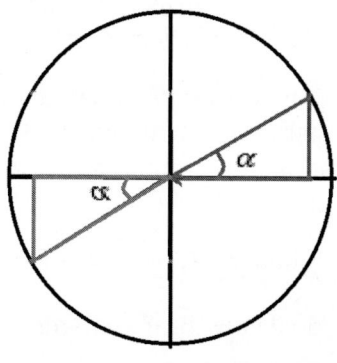

$$sen(\alpha) = -sen(180 + \alpha)$$

$$cos(\alpha) = -\cos(180 + \alpha)$$

$$tg(\alpha) = tg(180 + \alpha)$$

Ángulos suplementarios del cuarto cuadrante 360-α:

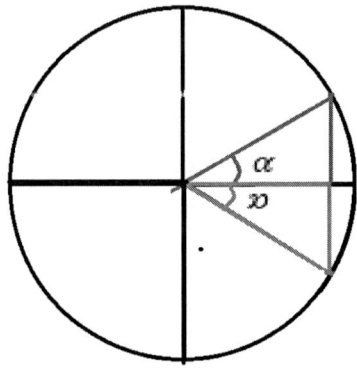

$$sen(\alpha) = -sen(360 - \alpha)$$

$$cos(\alpha) = \cos(360 - \alpha)$$

$$tg(\alpha) = -\text{tg}(360 - \alpha)$$

Identidades trigonométricas

Por último, se mostrarán las Identidades trigonométricas, necesarias para calcular las equivalencias y para posteriormente saber usarlo como herramienta en el tema de funciones y cálculos más complejos.

Esta identidad es la aplicación del teorema de Pitágoras, si se fijan el 1 podría estar elevado al cuadrado, pero seguiría dando 1, es un 1 porque es la hipotenusa que coincide con el radio de la circunferencia goniométrica, así que esta entidad realmente se conoce al saber hacer Pitágoras.

$$sen^2\alpha + cos^2\alpha = 1$$

Esta identidad es el resultado de dividir los catetos, que define la tangente:

$$tg(\alpha) = \frac{sen(\alpha)}{\cos(\alpha)}$$

La última identidad se obtiene dividiendo la primera entre $cos^2\alpha$

$$\frac{sen^2\alpha}{cos^2\alpha} + \frac{cos^2\alpha}{cos^2\alpha} = \frac{1}{cos^2\alpha}$$

$$tg^2\alpha + 1 = \frac{1}{cos^2\alpha}$$

Sabiendo estas identidades trigonométricas se podrán resolver diferentes tipos de ejercicios.

1. Dado que $\sin(\theta) = \frac{3}{5}$, calcula $\cos(\theta)$ y $\tan(\theta)$.

2. Si $\cos(\alpha) = \frac{4}{5}$, encuentra $\sin(\alpha)$ y $\tan(\alpha)$.

3. Sabiendo que $\tan(\beta) = -\frac{2}{3}$, determina $\sin(\beta)$ y $\cos(\beta)$.

4. Con $\sin(\gamma) = \frac{5}{13}$, calcula $\cos(\gamma)$ y $\tan(\gamma)$.

5. Si $\cos(\delta) = -\frac{1}{2}$, encuentra $\sin(\delta)$ y $\tan(\delta)$.

6. Dado que $\tan(\theta) = \frac{3}{4}$, calcula $\sin(\theta)$ y $\cos(\theta)$.

7. Si $\sin(\alpha) = \frac{12}{13}$, encuentra $\cos(\alpha)$ y $\tan(\alpha)$.

8. Sabiendo que $\cos(\beta) = \frac{5}{7}$, determina $\sin(\beta)$ y $\tan(\beta)$.

9. Con $\tan(\gamma) = -\frac{4}{3}$, calcula $\sin(\gamma)$ y $\cos(\gamma)$.

10. Si $\cos(\delta) = \frac{4}{5}$, encuentra $\sin(\delta)$ y $\tan(\delta)$.

Soluciones:

1. $\cos(\theta) = \frac{4}{5}$, $\tan(\theta) = \frac{3}{4}$

2. $\sin(\alpha) = \frac{3}{5}$, $\tan(\alpha) = \frac{3}{4}$

3. $\sin(\beta) = -\frac{2}{\sqrt{13}}$, $\cos(\beta) = \frac{3}{\sqrt{13}}$

4. $\cos(\gamma) = \frac{12}{13}$, $\tan(\gamma) = \frac{5}{12}$

5. $\cos(\delta) = -\frac{1}{2}$, $\tan(\delta) = -\sqrt{3}$

6. $\sin(\theta) = \frac{3}{5}$, $\cos(\theta) = \frac{4}{5}$

7. $\cos(\alpha) = \frac{5}{13}$, $\tan(\alpha) = \frac{12}{5}$

8. $\sin(\beta) = \frac{24}{25}$, $\tan(\beta) = \frac{24}{7}$

9. $\sin(\gamma) = -\frac{4}{5}$, $\cos(\gamma) = -\frac{3}{5}$

10. $\sin(\delta) = \frac{3}{5}$, $\tan(\delta) = \frac{3}{4}$

Ejercicios de demostraciones trigonométricas, más avanzados.

1. $(sen\,\alpha + \cos\alpha)^2 = 1 + 2\cdot tg\,\alpha \cdot \cos^2\alpha$

2. $\dfrac{\cot g^2\alpha}{1 + \cot g^2\alpha} = \cos^2\alpha$

3. $tg^2\alpha - sen^2\alpha = tg^2\alpha \cdot sen^2\alpha$

4. $\dfrac{tg\,\alpha}{tg^2\alpha - 1} = \dfrac{sen\,\alpha \cdot \cos\alpha}{sen^2\alpha - \cos^2\alpha}$

5. $\dfrac{1}{1 + \cot g^2\alpha} = sen^2\alpha$

6. $\dfrac{\cos\alpha + tg\,\alpha}{\cos\alpha \cdot tg\,\alpha} = \cot g\,\alpha + \sec\alpha$

7. $\dfrac{1 + tg\,\alpha}{\sec\alpha} = sen\,\alpha + \cos\alpha$

8. $sen^2\alpha - \cos^2\alpha = sen^4\alpha - \cos^4\alpha$

9. $\dfrac{sen\,\alpha - \cos\alpha}{tg\,\alpha - 1} = \cos\alpha$

10. $tg^2\alpha - sen^2\alpha = tg^2\alpha \cdot sen^2\alpha$

GEOMETRÍA ANALÍTICA

Vectores

En geometría analítica los vectores sirven para determinar magnitudes en las que está implicada una dirección y un sentido. El campo de aplicación de los vectores es en la asignatura de física para evaluar velocidades, fuerzas, momentos, etc....

Para definir un vector se necesitan dos puntos, esos dos puntos si se restan se obtendrá el vector buscado. Si se tiene el punto A (a1,a2) y B (b1,b2)

Si se tienen los puntos A (a_1, a_2) y B (b_1, b_2)

$$\overrightarrow{AB} = (b_1 - a_1, b_2 - a_2)$$

Ejemplo punto A (2,3) y punto B (5,11).

$$\overrightarrow{AB} = (5 - 2, 11 - 3)$$

$$\overrightarrow{AB} = (3,8)$$

En la representación del vector la línea azul sería la dirección y la punta de la flecha indica el sentido del vector.

Para saber la magnitud del vector, se puede calcular su módulo:

$$\left|\overrightarrow{AB}\right| = \sqrt{(b_1 - a_1)^2 + (b_2 - a_2)^2}$$

$$\overrightarrow{AB} = (3,8)$$

$$\left|\overrightarrow{AB}\right| = \sqrt{3^2 + 8^2}$$

$$\left|\overrightarrow{AB}\right.$$

Operaciones con vectores:

La suma y la resta se realiza coordenada a coordenada. Un número por un vector, se multiplica el número por las coordenadas del vector.

Ejemplo:

$$\vec{v}(2,3), \vec{u}(-5,7) \ y \ \vec{k}(3,-9)$$

$$\vec{v} + \vec{u} = (2 - 5, 3 + 7) = (-3,10)$$

$$\vec{k} - \vec{u} = (3 - (-5), -9 - 7) = (8,-16)$$

$$3\vec{v} + 2\vec{u} = (6 - 10, 9 + 14) = (-4,23)$$

En la multiplicación de vectores hay dos tipos de productos, el producto escalar y el producto vectorial. Se estudiará el producto escalar que se utilizará para poder encontrar el ángulo que forman los vectores. La ecuación del producto escalar se compone de dos ecuaciones, para los vectores $\vec{v} = (v_1, v_2)$ y $\vec{u} = (u_1, u_2)$:

$$\vec{u} \cdot \vec{v} = v_1 \cdot u_1 + v_2 \cdot u_2$$

$$\vec{u} \cdot \vec{v} = |\vec{u}| \cdot |\vec{v}| \cdot \cos\widehat{uv}$$

La primera ecuación se multiplican las coordenadas de cada vector y en la segunda los módulos de los vectores, por el coseno del ángulo entre los vectores.

Obsérvese que si el ángulo es de 90º el producto escalar será 0. Esto es muy útil cuando se quiere encontrar un vector perpendicular a otro, simplemente si se tiene un vector para encontrar un vector perpendicular, se le dará la vuelta y se cambiará una coordenada de signo, se ve en un ejemplo:

$\vec{v} = (2, 3)$ *se dará la vuelta a las coordenadas y se cambia una de signo* $\vec{u} = (3, -2)$.

Para el cálculo de ángulos entre vectores se igualan las ecuaciones y se resuelve el sistema:

$$\left.\begin{array}{l}\vec{u} \cdot \vec{v} = v_1 \cdot u_1 + v_2 \cdot u_2 \\ \vec{u} \cdot \vec{v} = |\vec{u}| \cdot |\vec{v}| \cdot \cos\widehat{uv}\end{array}\right\} \rightarrow v_1 \cdot u_1 + v_2 \cdot u_2 = |\vec{u}| \cdot |\vec{v}| \cdot \cos\widehat{uv}$$

$$\cos\widehat{uv} = \frac{v_1 \cdot u_1 + v_2 \cdot u_2}{|\vec{u}| \cdot |\vec{v}|}$$

$$\widehat{uv} = arcocos\left(\frac{v_1 \cdot u_1 + v_2 \cdot u_2}{|\vec{u}| \cdot |\vec{v}|}\right)$$

Propiedades de los vectores:

Proporcionalidad de los vectores: dos vectores son proporcionales cuando las coordenadas al dividirlas nos dan el mismo número, siempre que ocurra esto, los vectores serán paralelos entre sí.

Ejemplo:

$$\vec{v} = (2, 3) \; y \quad \vec{u} = (4,6) \quad \frac{4}{2} = \frac{6}{3} = 2$$

Vectores unitarios: son vectores cuyo módulo es la unidad. Para calcularlos, basta con dividir las coordenadas del vector entre su módulo:

$$\vec{v_u} = \frac{v}{|v|}$$

$$\vec{v} = (2,3) \ \ y \ el \ modulo \ |\vec{v}| = \sqrt{2^2 + 3^2} = \sqrt{13}$$

$$\vec{v_u} = \frac{(2,3)}{\sqrt{13}} = \left(\frac{2}{\sqrt{13}}, \frac{3}{\sqrt{13}}\right)$$

Vectores ortogonales: son vectores en los que el producto escalar es 0, es decir son perpendiculares, ya se ha visto cómo se calculan.

Vectores ortonormales: son vectores ortogonales de módulo 1.

Escribir un vector como combinación lineal de vectores, la combinación lineal de vectores es un concepto fundamental en álgebra lineal y geometría analítica. Se refiere a la suma ponderada de dos o más vectores mediante multiplicadores (escalares) llamados coeficientes.

$$\vec{k} = a \cdot \vec{v_1} + b \cdot \vec{v_2} + \cdots + z \cdot \vec{v_n}$$

Ejemplo: escribe el vector $\vec{k} \ (2,5)$ como combinación lineal de: $\vec{v} = (1,3) \ y \ \vec{u} = (7,10)$.

$$\vec{k} = a \cdot \vec{v} + b \cdot \vec{u}$$

$$(2,5) = a \cdot (1,3) + b \cdot (7,10)$$

$$\left.\begin{matrix} 2 = a + 7b \\ 5 = 3a + 10b \end{matrix}\right] \rightarrow a = (2 - 7b)$$

$$5 = 3(2 - 7b) + 10b$$

$$6 - 21b + 10b = 5$$

$$-21b + 10b = 5 - 6$$

$$-11b = -1$$

$$b = \frac{1}{11} \quad y \quad a = \left(2 - \frac{7}{11}\right) = \frac{15}{11}$$

$$\vec{k} = \frac{15}{11} \cdot \vec{v} + \frac{1}{11} \cdot \vec{u}$$

Ejercicios propuestos de vectores:

Ejercicio 1: Suma de Vectores

Dados los vectores $\vec{a} = \langle 3, 2 \rangle$ y $\vec{b} = \langle -1, 4 \rangle$, calcula $\vec{a} + \vec{b}$.

Ejercicio 2: Resta de Vectores

Dados los vectores $\vec{u} = \langle 5, 7 \rangle$ y $\vec{v} = \langle 2, -3 \rangle$, calcula $\vec{u} - \vec{v}$.

Ejercicio 3: Producto Escalar

Calcula el producto escalar de los vectores $\vec{p} = \langle 1, 2 \rangle$ y $\vec{q} = \langle 3, -1 \rangle$.

Ejercicio 4: Producto Vectorial

Calcula el producto vectorial de los vectores $\vec{a} = \langle 2, 3, 4 \rangle$ y $\vec{b} = \langle 1, 0, -1 \rangle$.

Ejercicio 5: Magnitud de un Vector

Encuentra la magnitud del vector $\vec{v} = \langle 3, 4 \rangle$.

Ejercicio 6: Multiplicación por un Escalar

Si $\vec{w} = \langle 2, 5 \rangle$ y $\lambda = 3$, calcula $\lambda \vec{w}$.

Ejercicio 7: Combinación Lineal de Vectores

Dados los vectores $\vec{a} = \langle 1, 2 \rangle$ y $\vec{b} = \langle 4, -1 \rangle$, calcula $2\vec{a} - 3\vec{b}$.

Ejercicio 8: Vectores Ortogonales

Determina si los vectores $\vec{u} = \langle 2, -1 \rangle$ y $\vec{v} = \langle 1, 2 \rangle$ son ortogonales.

Ejercicio 9: Suma de Vectores en 3D

Dados los vectores $\vec{a} = \langle 1, 2, 3 \rangle$ y $\vec{b} = \langle 4, -1, 0 \rangle$, calcula $\vec{a} + \vec{b}$.

Ejercicio 10: Producto Escalar en 3D

Calcula el producto escalar de los vectores $\vec{u} = \langle 2, -1, 3 \rangle$ y $\vec{v} = \langle 0, 4, -2 \rangle$.

ECUACIONES DE LA RECTA

Dentro de la geometría analítica es una figura geométrica de una sola dimensión que se extiende infinitamente en una dirección. En matemáticas se definirá la recta con varias ecuaciones, cada una de ellas será una herramienta que se usará en determinados ejercicios.

Es importante entender que se necesita para construir una recta:

- Con un punto y un vector se puede construir una recta.

- Con dos puntos también se puede definir una recta.

Siempre que se tengan los dos puntos que se han mencionado, se podrá construir una recta.

Se van a ir poniendo todas las ecuaciones con un ejemplo partiendo de dos puntos reales:

$$Punto\ A(a_1, a_2)\ PuntoB(b_1, b_2) \qquad A\ (2,3)\ B(4,9)$$

$$Vector: \overrightarrow{AB} = (b_1 - a_1, b_2 - a_2) \qquad \overrightarrow{AB} = (4 - 2, 9 - 3) = (2,6)$$

A este Vector AB, se le llamará v:

$$\bar{v} = (v_1, v_2) \qquad \bar{v} = (2,6)$$

Ecuación Vectorial:

$$(x, y) = (a_1, a_2) + t(v_1, v_2) \qquad (x, y) = (2,3) + t(2,6)$$

La ecuación vectorial se compone de un punto, cualquier punto que se conozca de la recta y un vector llamado VECTOR DIRECTOR que a veces vendrá dado en los ejercicios, otras veces se tendrá que calcular. Además, existe un parámetro "t" que pertenece a los números reales que nos multiplica al vector, este multiplicador nos da una idea de lo grande o pequeña que sería nuestra recta, obviamente la rectas son infinitas, por eso está el multiplicador.

Ecuación Paramétrica:

$$\left.\begin{aligned} x &= a_1 + t \cdot v_1 \\ y &= a_2 + t \cdot v_2 \end{aligned}\right] \qquad \left.\begin{aligned} x &= 2 + t \cdot 2 \\ y &= 3 + t \cdot 6 \end{aligned}\right]$$

Es Importante saber dónde está el punto y el vector en cada ecuación.

Ecuación continua:

$$\left.\begin{aligned} t &= \dfrac{x - a_1}{v_1} \\ t &= \dfrac{y - a_2}{v_2} \end{aligned}\right] \rightarrow \dfrac{x - a_1}{v_1} = \dfrac{y - a_2}{v_2} \qquad \left.\begin{aligned} t &= \dfrac{x - 2}{2} \\ t &= \dfrac{y - 3}{6} \end{aligned}\right] \rightarrow \dfrac{x - 2}{2} = \dfrac{y - 3}{6}$$

Ecuación general o implícita:

$$v_2 \cdot (x - a_1) = v_1 \cdot (y - a_2) \qquad\qquad 6 \cdot (x - 2) = 2(y - 3)$$

$$v_2 \cdot x - v_2 \cdot a_1 = v_1 \cdot y - v_1 \cdot a_2 \qquad\qquad 6x - 12 = 2y - 6$$

$$v_2 \cdot x - v_1 \cdot y + v_1 \cdot a_2 - v_2 \cdot a_1 = 0 \qquad\qquad 6x - 2y - 6 = 0$$

$$A = v_2 \quad B = -v_1 \quad C = (v_1 \cdot a_2 - v_2 \cdot a_1)$$

$$v_2 \cdot x - v_1 \cdot y + v_1 \cdot a_2 - v_2 \cdot a_1 = 0 \quad \rightarrow \quad Ax + By + C = 0$$

En esta ecuación $Ax + By + C = 0$ no se identifica el punto ni el vector, pero hay que saber que el vector perpendicular al vector director es v_n(A,B). Con el vector normal o perpendicular se puede sacar el vector director como se vio en el tema de vectores; v(B,-A).

Ejemplo:

$$6x - 2y - 6 = 0$$

V_n=(6,-2) por lo tanto el vector director V=(2,6).

Dominar estos conceptos es la clave para realizar los ejercicios.

Ecuación explícita:

"m" es la pendiente de la recta y "n" es la ordenada en el origen (Valor que toma la recta cuando x=0).

$$y = mx + n \qquad m = \frac{v_2}{v_1}$$

Se puede llegar a esta ecuación fácilmente si se conoce un punto y un vector, también se puede llegar a partir de la ecuación general despejando la y.

$$A\,(2,3) \quad \bar{v} = (2,6)$$

$$m = \frac{6}{2} = 3$$

$$y = 3x + n \; para \; obtener \; n \; sustituimos \; el \; punto$$

$$3 = 3 \cdot 2 + n$$

$$n = -3$$

$$y = 3x - 3$$

Si se hace a partir de la ecuación general:

$$6x - 2y - 6 = 0$$

$$6x - 6 = 2y$$

$$2y = 6x - 6$$

$$y = \frac{6x - 6}{2}$$

$$y = 3x - 3$$

Ecuación punto pendiente:

Esta ecuación es muy fácil de conseguir ya que solo se tiene que sustituir el valor de la pendiente y el punto.

$$y - y_0 = m(x - x_0)$$

$$m = \frac{v_2}{v_1} \quad y \; el \; punto \; sería \; (y_0, x_0)$$

$$\overline{A\,(2,3) \quad \bar{v} = (2,6)}$$

$$\overline{y - 3 = 3 \cdot (x - 2)}$$

Posiciones relativas de las rectas

Cuando se tienen más de una recta representadas en los ejes de coordenadas, estas rectas pueden ser:

- Secantes: se cortan en un punto que es la solución de un sistema de ecuaciones.

- Paralelas: sus vectores directores son proporcionales.

- Coincidentes: los vectores de ambas rectas son proporcionales y además comparten todos los puntos.

Como se puede saber la posición relativa

Con cualquier ecuación de la recta si los vectores directores no son proporcionales, las rectas serán secantes. Si los vectores directores son proporcionales, basta con conocer un punto de una recta y comprobar si pertenece a la otra recta para saber si son coincidentes, si no pertenece serán paralelas.

Se pondrán dos ejemplos de dos ecuaciones de la recta para ver como se hace:

$$r \equiv Ax + By + C = 0 \quad y \quad s \equiv A'x + B'y + C' = 0$$

$$si \ \frac{A}{A'} = \frac{B}{B'} = \frac{C}{C'} \quad serán \ coincidentes$$

$$si \ \frac{A}{A'} = \frac{B}{B'} \neq \frac{C}{C'} \quad serán \ paralelas$$

$$si \ \frac{A}{A'} \neq \frac{B}{B'} \neq \frac{C}{C'} \quad serán \ paralelas$$

$$r \equiv 8x + 3y + 5 = 0 \quad y \quad s \equiv 16x + 6y + 4 = 0$$

$$si \ \frac{8}{16} = \frac{3}{6} \neq \frac{5}{4} \quad serán \ paralelas$$

$$r \equiv y = mx + n \quad y \quad s \equiv y = m'x + n'$$

$$si \ m = m' \ y \ n = n' \quad Serán \ coincidentes$$

$$\text{si } m = m' \text{ y } n \neq n' \quad Serán\ paralelas$$

$$\text{si } m \neq m' \text{ y } n \neq n' \quad Serán\ secantes$$

$$r \equiv y = 2x \quad y \quad s \equiv y = 2x + 1$$

$$\text{si } 2 = 2 \text{ y } 0 \neq 1 \quad Serán\ paralelas$$

Cálculo del punto medio PM:

Es un lugar geométrico que es importante que se sepa calcular, es el punto medio entre dos puntos.

$$Punto\ A(a_1, a_2)\ Punto B(b_1, b_2) \qquad A\ (2,3)\ B(4,9)$$

$$PM = \left(\frac{a_1 + b_1}{2}, \frac{a_2 + b_2}{2}\right) \qquad PM = \left(\frac{2 + 4}{2}, \frac{3 + 9}{2}\right)\ PM = (3,6)$$

Cálculo de la distancia de un punto y una recta:

Para medir la distancia entre un punto y una recta se usa la siguiente formula:

$$d(A, r) = \frac{|Ax + By + C|}{\sqrt{A^2 + B^2}}$$

Ejercicios propuestos de ecuaciones de la recta:

Ejercicios de Ecuaciones de la Recta

1. Ecuación de la recta

1. Encuentra la ecuación de la recta que pasa por los puntos (1,2) y (3,4).

2. Halla la ecuación de la recta con pendiente 2 que pasa por el punto (0,0).

3. Determina la ecuación de la recta que pasa por el punto (5,−1) y tiene pendiente −3.

4. Encuentra la ecuación de la recta que pasa por los puntos (−2,3) y (4,−1).

2. Pendiente e intersección

5. Calcula la pendiente de la recta que pasa por los puntos (2,3) y (5,7).

6. Encuentra el punto de intersección de las rectas $y=2x+3$ y $y=-x+1$

7. Halla la pendiente de la recta $3x-4y+5=0$.

8. Determina la ecuación de la recta con pendiente 4 y que pasa por el punto (−1,2).

3. Rectas paralelas y perpendiculares

9. Encuentra la ecuación de la recta paralela a $y=3x+2$ que pasa por el punto (1,−1).

10. Halla la ecuación de la recta perpendicular a $y=-12x+4y$ que pasa por el punto (3,5).

11. Determina si las rectas $y=23x-1$ y $y=-23x+2$ son perpendiculares.

12. Encuentra la ecuación de la recta que pasa por el punto (2,3) y es perpendicular a la recta $2x-3y=6$.

4. Puntos y distancias

13. Calcula la distancia del punto (3,4) a la recta $x-2y+1=0$.

14. Halla el punto de intersección de las rectas $4x-y=7$ y $3x+2y=5$.

15. Encuentra la ecuación de la recta que pasa por los puntos (0,0) y (2,−3).

16. Determina la distancia entre los puntos (1,2) y (4,6).

5. Ecuaciones de rectas en diferentes formas

17. Convierte la ecuación y=−3x+5 a la forma general Ax+By+C=0.

18. Escribe la ecuación 2x+3y−6=0 en la forma punto-pendiente.

19. Encuentra la ecuación de la recta en forma pendiente-intersección que pasa por el punto (4,5) y tiene pendiente 12.

20. Determina la ecuación de la recta en forma general que pasa por el punto (−3,2) y tiene pendiente −1.

6. Aplicaciones y problemas contextualizados

21. Encuentra la ecuación de la recta que representa la relación entre la distancia y el tiempo en un viaje a velocidad constante de 60 km/h.

22. Halla la ecuación de la recta que describe la relación entre el costo y la cantidad de productos si cada producto cuesta 5 euros.

23. Determina la ecuación de la recta que representa la depreciación de un automóvil que pierde valor de manera lineal a razón de 2000 euros por año.

24. Encuentra la ecuación de la recta que pasa por los puntos (−1,−2) y (2,3) en un problema de crecimiento poblacional.

7. Sistemas de ecuaciones lineales

25. Resuelve el sistema de ecuaciones lineales: 2x+y=5 y 3x−y=4.

26. Halla el punto de intersección de las rectas x+y=3 y 2x−y=1.

27. Determina si el sistema de ecuaciones y=2x−3 y y=−x+1 tiene solución, y si es así, encuentra el punto de intersección.

28. Resuelve el sistema de ecuaciones lineales: 3x+4y=7 y x−2y=−1.

ÁREAS DE FIGURAS PLANAS
Y CUERPOS GEOMÉTRICOS

DATO HISTÓRICO ÁREAS Y FIGURAS PLANAS "Bernhard Riemann":

Bernhard Riemann nació en 1826 en Alemania y murió en 1866, desarrolló la geometría diferencial y la teoría de las superficies, lo que más tarde influyó en la teoría de la relatividad general de Einstein.

Riemann era alumno de Gauss, se cuenta que Gauss no era una persona fácil de impresionar, pero quedó asombrado con las habilidades de Rienmann. Riemann admiraba la belleza de la simplicidad en las matemáticas. Una de sus citas es: "La teoría que sé más pura y que sé más rica es aquella que surge de la forma más simple".

En este tema se proporcionarán todas y cada una de las fórmulas para resolver cualquier área o cuerpo geométrico. Para realizar los cálculos es importante que el alumno se aprenda las fórmulas que se mencionan a continuación.

Áreas figuras planas:

Triángulo:

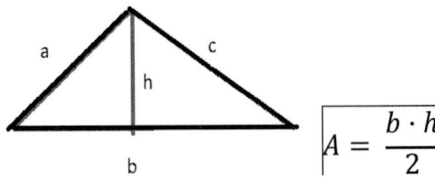

$$A = \frac{b \cdot h}{2}$$

Formula Herón:

$$A = \sqrt{s \cdot (s - a) \cdot (s - b) \cdot (s - c)} \; si \; s = \frac{a + b + c}{2}$$

Cuadrado:

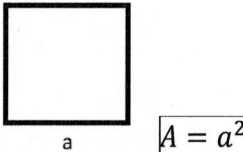

$$A = a^2$$

Rectángulo:

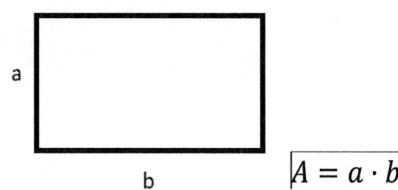

$$A = a \cdot b$$

Paralelogramo:

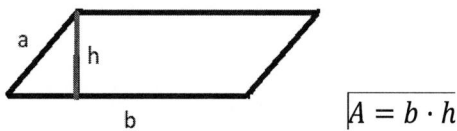

$$A = b \cdot h$$

Rombo:

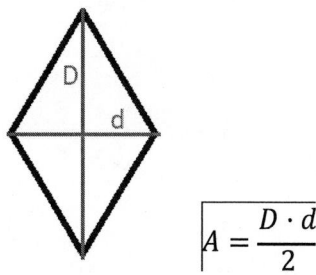

$$A = \frac{D \cdot d}{2}$$

D: Diagonal mayor

d: Diagonal menor

Trapecio:

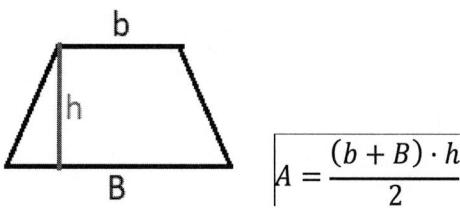

$$A = \frac{(b + B) \cdot h}{2}$$

Polígonos Regulares (TODOS):

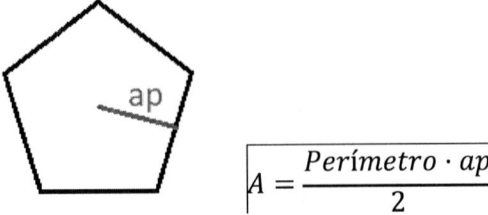

$$A = \frac{Perímetro \cdot ap}{2}$$

El perímetro de cualquier figura regular o irregular es la suma de sus lados.

La apotema de un polígono regular es la línea que va del centro de un lado al centro del polígono.

Círculo:

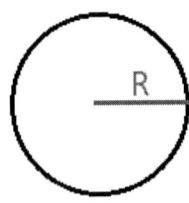

$$Perímetro\ (Longitud\ de\ una\ circunferencia)\ \ L = 2 \cdot \pi \cdot R$$

$$A = \pi \cdot R^2$$

Elipse:

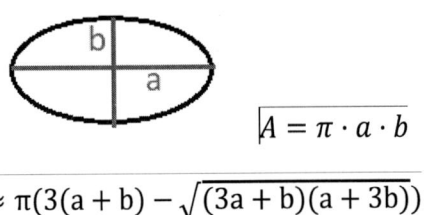

$$A = \pi \cdot a \cdot b$$

$$P \approx \pi(3(a+b) - \sqrt{(3a+b)(a+3b)})$$

a: semieje mayor y b semieje menor.

Cálculo de los ángulos interiores de un polígono de "n" lados:

$$\theta_{int} = \frac{(n-2) \cdot 180}{n}$$

Es importante también conocer el teorema de Pitágoras:

$$hipotenusa^2 = cateto1^2 + cateto2^2$$

Cuerpos geométricos

Teorema de Euler:

$$V-A+C=2$$

V: Vértices

A: Aristas

C: Caras

Áreas y volúmenes de los distintos cuerpos geométricos:

Cubo:

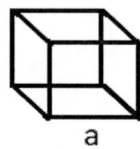

$$A = 6a^2 \qquad V = a^3$$

Prisma de cualquier base regular:

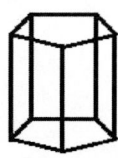

$$A = perimetro\ de\ la\ base \cdot h(altura) + 2 \cdot \acute{a}rea\ de\ la\ base$$

$$V = \acute{a}rea\ base \cdot h(altura)$$

Cilindro:

$$A = 2 \cdot \pi \cdot R^2 + 2 \cdot \pi \cdot R \cdot h \rightarrow A = 2 \cdot \pi \cdot R \cdot (R + h)$$

$$V = \pi \cdot R^2 \cdot h$$

Esfera:

$$A = 4 \cdot \pi \cdot R^2 \qquad V = \frac{4}{3} \cdot \pi \cdot R^3$$

Cono:

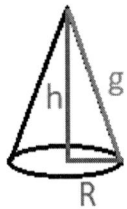

$$A = \pi \cdot R^2 + \pi \cdot R \cdot g \;\rightarrow\; A = \pi \cdot R \cdot (R + g)$$

$$V = \frac{\pi \cdot R^2 \cdot h}{3}$$

Pirámide da igual la base:

$$A = \text{Área de la base} + \text{Área de las caras laterales}$$

$$V = \frac{\text{Área de la ase} \cdot h}{3}$$

Ejercicios propuestos para el tema de figuras planas y cuerpos geométricos:

1. Encuentra el área de un triángulo con base de 10 cm y altura de 5 cm.

2. Calcula el área de un cuadrado con lado de 8 cm.

3. Determina el área de un rectángulo con longitud de 12 cm y ancho de 7 cm.

4. Encuentra el área de un círculo con radio de 6 cm.

5. Halla el área de un paralelogramo con base de 10 cm y altura de 4 cm.

6. Encuentra el área de un rombo con diagonales de 6 cm y 8 cm.

7. Calcula el área de un trapecio con bases de 8 cm y 5 cm, y altura de 4 cm.

8. Encuentra el área de un triángulo equilátero con lado de 10 cm.

9. Determina el área de un pentágono regular con lado de 6 cm y apotema de 5.2 cm.

10. Calcula el área de un hexágono regular con lado de 4 cm.

11. Encuentra el área de un triángulo con lados de 5 cm, 6 cm y 7 cm usando la fórmula de Herón.

12. Halla el área de un cuadrado cuya diagonal mide 10 cm.

13. Calcula el área de un rectángulo si su perímetro es de 40 cm y una de sus dimensiones es 8 cm.

14. Encuentra el área de un círculo inscrito en un cuadrado de lado 10 cm.

15. Determina el área de un triángulo isósceles con lados iguales de 13 cm y base de 10 cm.

16. Calcula el área de un cuadrilátero con lados de 8 cm, 6 cm, 8 cm y 6 cm, y diagonales de 10 cm.

17. Encuentra el área de un triángulo rectángulo con catetos de 9 cm y 12 cm.

18. Halla el área de un trapecio isósceles con bases de 10 cm y 6 cm, y altura de 5 cm.

19. Calcula el área de un paralelogramo si sus lados son 12 cm y 9 cm, y uno de los ángulos es de 60°.

20. Encuentra el área de un sector circular con ángulo central de 90° y radio de 8 cm.

21. Calcula el volumen de un cubo con lado de 5 cm.

22. Encuentra el volumen de un prisma rectangular con dimensiones de 3 cm, 4 cm y 5 cm.

23. Halla el volumen de un cilindro con radio de 7 cm y altura de 10 cm.

24. Calcula el volumen de una esfera con radio de 6 cm.

25. Encuentra el volumen de un cono con radio de 4 cm y altura de 9 cm.

26. Halla el volumen de una pirámide con base cuadrada de lado 6 cm y altura de 10 cm.

27. Calcula el área superficial de un cubo con lado de 8 cm.

28. Encuentra el área superficial de un prisma rectangular con dimensiones de 5 cm, 6 cm y 7 cm.

29. Halla el área superficial de un cilindro con radio de 3 cm y altura de 8 cm.

30. Calcula el área superficial de una esfera con radio de 5 cm.

31. Encuentra el área superficial de un cono con radio de 5 cm y generatriz de 13 cm.

32. Halla el volumen de un tetraedro regular con arista de 6 cm.

33. Calcula el volumen de un prisma triangular con base de 6 cm, altura de la base 4 cm y altura del prisma 12 cm.

34. Encuentra el volumen de una pirámide con base triangular de área 24 cm^2 y altura de 10 cm.

35. Halla el área superficial de un prisma hexagonal regular con lado de 4 cm y altura de 10 cm.

36. Calcula el área superficial de un cilindro con diámetro de 10 cm y altura de 15 cm.

37. Encuentra el volumen de un cubo cuya diagonal mide 10 cm.

38. Halla el volumen de un prisma rectangular si su área superficial es de 94 cm^2 y sus dimensiones son 3 cm, 4 cm y h cm.

39. Calcula el área superficial de una pirámide con base cuadrada de lado 5 cm y altura lateral de 7 cm.

40. Encuentra el volumen de una esfera inscrita en un cubo de lado 10 cm.

Soluciones:

1. $25\ \text{cm}^2$
2. $64\ \text{cm}^2$
3. $84\ \text{cm}^2$
4. $113.04\ \text{cm}^2$
5. $40\ \text{cm}^2$
6. $24\ \text{cm}^2$
7. $26\ \text{cm}^2$
8. $43.3\ \text{cm}^2$
9. $78\ \text{cm}^2$
10. $41.57\ \text{cm}^2$
11. $14.7\ \text{cm}^2$
12. $50\ \text{cm}^2$
13. $72\ \text{cm}^2$
14. $78.54\ \text{cm}^2$

15. $60\ \text{cm}^2$
16. $48\ \text{cm}^2$
17. $54\ \text{cm}^2$
18. $40\ \text{cm}^2$
19. $93.53\ \text{cm}^2$
20. $50.27\ \text{cm}^2$
21. $125\ \text{cm}^3$
22. $60\ \text{cm}^3$
23. $1539.38\ \text{cm}^3$
24. $904.32\ \text{cm}^3$
25. $150.8\ \text{cm}^3$
26. $120\ \text{cm}^3$
27. $384\ \text{cm}^2$
28. $214\ \text{cm}^2$

29. $207.35\ \text{cm}^2$
30. $314.16\ \text{cm}^2$
31. $282.74\ \text{cm}^2$
32. $42.4\ \text{cm}^3$
33. $144\ \text{cm}^3$
34. $80\ \text{cm}^3$
35. $624\ \text{cm}^2$
36. $628.32\ \text{cm}^2$
37. $333.33\ \text{cm}^3$
38. $24\ \text{cm}^3$
39. $85\ \text{cm}^2$
40. $523.6\ \text{cm}^3$

SUCESIONES

DATO HISTÓRICO SUCESIONES "Giovanni Fibonacci":

Giovanni Fibonacci fue un matemático italiano que nació en 1170 y murió en 1240. Uno de sus trabajos fue la popularización del sistema indoarábigo en el mundo occidental, creando un libro de cálculo llamado Liber Abaci, dentro de este libro de cálculo planteó y resolvió un problema que implicaba un crecimiento exponencial de una población, en concreto de conejos. La solución fue una secuencia de números que más tarde se conocería por los números de Fibonacci.

El problema de los conejos de Fibonacci:

Planteó un problema sobre el crecimiento de la población de conejos en un entorno ideal: supongamos que una pareja de conejos se coloca en un campo. Al cabo de un mes, alcanzan su capacidad de procrear, a partir del segundo mes, cada pareja produce otra pareja de conejos cada mes. Si los conejos nunca mueren, ¿cuántas parejas de conejos habrá en el campo al cabo de un año?

La solución del problema se conoce como la secuencia de Fibonacci.

Mes 1: 1 pareja

Mes 2: 1 pareja

Mes 3: 2 parejas (1 pareja existente + 1 nueva pareja)

Mes 4: 3 parejas (2 parejas existentes + 1 nueva pareja)

Mes 5: 5 parejas (3 parejas existentes + 2 nuevas parejas)

Mes 6: 8 parejas (5 parejas existentes + 3 nuevas parejas).....

*Y así sucesivamente. La sucesión de Fibonacci se puede expresar matemática-
mente como:*

$$a_n = a_{n-1} + a_{n-2} \text{ siendo } a_0 = 0 \text{ y } a_1 = 1$$

Mes 1: 1 pareja $a_1 = 1$

Mes 2: 1 pareja $a_2 = a_1 + a_0 = 1 + 0 = 1 \rightarrow a_2 = 1$

Mes 3: 2 parejas (1 pareja existente + 1 nueva pareja)
$a_3 = a_2 + a_1 = 1 + 1 = 2 \rightarrow a_3 = 2$

Mes 4: 3 parejas (2 parejas existentes + 1 nueva pareja)
$a_4 = a_3 + a_2 = 2 + 1 = 3 \rightarrow a_4 = 3$

Mes 5: 5 parejas (3 parejas existentes + 2 nuevas parejas)
$a_5 = a_4 + a_3 = 3 + 2 = 5 \rightarrow a_5 = 5$

Mes 6: 8 parejas (5 parejas existentes + 3 nuevas parejas)
$a_6 = a_5 + a_4 = 5 + 3 = 8 \rightarrow a_6 = 8$

*Este problema ilustro el uso del nuevo sistema numérico, también introdujo las
secuencias o sucesiones matemáticas.*

Una sucesión es una secuencia ordenada de términos que siguen un patrón
desde el primer al último término. Para obtener una secuencia de números
basta con inventar una ecuación que genere dichos números a partir del término anterior, a este tipo de sucesiones se les llama sucesiones recurrentes.

Dentro de este tipo de sucesiones recurrentes hay algunas sucesiones muy famosas, se mostrará su término general:

- Sucesión de Fibonacci:

$$a_n = a_{n-1} + a_{n-2} \quad \text{Siendo } a_0 = 0 \quad y \quad a_1 = 1$$

$$0,1,1,2,3,5,8,13,21,34....$$

- Sucesión de Lucas:

$$a_n = a_{n-1} + a_{n-2} \quad \text{Siendo } a_0 = 2 \quad y \quad a_1 = 1$$

$$2,1,3,4,7,11,18,29,47,76$$

Y muchas más sucesiones.

Otro tipo de sucesiones son las generadas por una función generadora que será el término general:

$$a_n = n^2 + 5n$$

$$a_1 = 1^2 + 5 \cdot 1 = 6$$

$$a_2 = 2^2 + 5 \cdot 2 = 14$$

$$a_3 = 3^2 + 5 \cdot 3 = 24$$

$$6, 14, 24 \ldots\ldots$$

Las sucesiones que se acaban de explicar solo se estudiarán a modo de saber cómo obtener términos, pero para calcular su término general, esto es bastante complejo.

Las sucesiones más importantes que se van a estudiar serán:

Sucesión Aritmética

Estas sucesiones poseen un término que se denomina distancia "d", que se calcula restando el término posterior del término anterior.

Ejemplo:

$$a_n = 4, 6, 8, 10, 12, 14, 16 \ldots \ldots$$

Si se resta 6-4=2 o 8-6=2 o 12-10=2 se puede decir que d=2.

Para calcular el termino general se utiliza la siguiente formula:

$$a_n = a_1 + (n - 1) \cdot d$$

La suma de n términos de una sucesión será:

$$S_n = \frac{a_1 + a_n}{2} \cdot n$$

Se puede ver por ejemplo de la sucesión: $a_n = 4, 6, 8, 10, 12, 14, 16 \ldots \ldots$ se calculará el 4 término y el término 100 de esa sucesión con el término general:

$$a_n = 4 + (n - 1) \cdot 2$$

$$a_n = 4 + 2n - 2$$

$$a_n = 2n + 2$$

$$a_4 = 2 \cdot 4 + 2 = 10 \quad y \quad a_{100} = 2 \cdot 100 + 2 = 202$$

Si quiero la suma de los 100 primeros términos:

$$S_{100} = \frac{a_1 + a_{100}}{2} \cdot 100$$

$$S_{100} = \frac{4 + 202}{2} \cdot 100 = 10300$$

Si no se conoce el primer término se puede usar esta ecuación:

$$a_n = a_m + (n - m) \cdot d$$

$$n > m$$

En el ejemplo anterior si solo se conociese a_3=8 y a_7=16 aplicando esta ecuación:

$$a_7 = a_3 + (7 - 3) \cdot d$$

$$16 = 8 + (7 - 3) \cdot d$$

$$8 = 4 \cdot d$$

$$d = 2$$

Sabiendo d, se puede llegar al termino general fácilmente averiguando a_1 usando a_3 por ejemplo:

$$a_n = a_1 + (n - 1) \cdot d$$

$$8 = a_1 + (3 - 1) \cdot 2$$

$$a_1 = 8 - 4$$

$$a_1 = 4$$

Sucesión Geométrica

Estas sucesiones poseen un término que se denomina razón "r", que se calcula dividiendo el término posterior del término anterior.

Ejemplo:

$$a_n = 4,8,16,32,64,128 \dots \dots$$

Si se divide 8/4=2 o 16/8=2 o 64/32=2 se puede decir que r=2.

Para calcular el termino general se utiliza la siguiente formula:

$$a_n = a_1 \cdot r^{n-1}$$

La suma de n términos de una sucesión será:

$$S_n = \frac{a_n \cdot r - a_1}{r - 1}$$

Se puede ver por ejemplo de la sucesión: $a_n = 4,8,16,32,64,128 \dots \dots$

Se calculará el 4 término y el término 100 de esa sucesión con el término general:

$$a_n = 4 \cdot 2^{n-1}$$

$$a_4 = 4 \cdot 2^{4-1} = 32 \quad y \quad a_{100} = 4 \cdot 2^{100-1} = 2^{101}$$

Si quiero la suma de los 100 primeros términos:

$$S_{100} = \frac{a_{100} \cdot r - a_1}{r - 1}$$

$$S_{100} = \frac{2^{101} \cdot 2 - 4}{2 - 1} = 2^{102} - 4 \approx 2^{102}$$

Si no se conoce el primer término se puede usar esta ecuación:

$$a_n = a_1 \cdot r^{n-m}$$

$$n > m$$

En el ejemplo anterior si solo se conociese $a_3=16$ y $a_6=128$ aplicando esta ecuación:

$$a_6 = a_3 r^{6-3}$$

$$128 = 16 \cdot r^3$$

$$r^3 = \frac{128}{16}$$

$$r^3 = 8$$

$$r = \sqrt[3]{8}$$

$$r=2$$

Sabiendo r, se puede llegar al termino general fácilmente averiguando a_1 usando a_3 por ejemplo:

$$a_n = a_1 \cdot r^{n-1}$$

$$a_3 = a_1 \cdot 2^{3-1}$$

$$16 = a_1 \cdot 4$$

$$a_1 = 4$$

Ejercicios propuestos de sucesiones:

Sucesiones Aritméticas

1. Encuentra el décimo término de una sucesión aritmética donde $a_1 = 3$ y la diferencia común $d = 4$.

2. Calcula la suma de los primeros 15 términos de una sucesión aritmética con $a_1 = 7$ y $d = 3$.

3. Encuentra el número de términos de una sucesión aritmética donde $a_1 = 2$, $a_{15} = 32$ y $d = 2$.

4. Determina la diferencia común de una sucesión aritmética si el primer término es 5 y el vigésimo término es 45.

5. Encuentra el primer término de una sucesión aritmética si el vigésimo término es 65 y la diferencia común es 3.

Sucesiones Geométricas

6. Calcula el quinto término de una sucesión geométrica donde $a_1 = 2$ y la razón $r = 3$.

7. Encuentra la suma de los primeros 10 términos de una sucesión geométrica con $a_1 = 4$ y $r = 2$.

8. Determina la razón de una sucesión geométrica si el primer término es 5 y el cuarto término es 125.

9. Encuentra el número de términos de una sucesión geométrica donde $a_1 = 3$, el término $a_{10} = 192$ y la razón es 2.

10. Calcula el primer término de una sucesión geométrica si el quinto término es 81 y la razón es 3.

Sucesiones Recurrentes con Función Generadora

11. Encuentra el décimo término de la sucesión definida por $a_n = 3a_{n-1} - 2a_{n-2}$, con $a_0 = 1$ y $a_1 = 3$.

12. Calcula la suma de los primeros 12 términos de la sucesión definida por $b_n = 2b_{n-1} - 5b_{n-2}$, con $b_0 = 2$ y $b_1 = 7$.

13. Encuentra c_{10} para la sucesión definida por $c_n = 4c_{n-1} - 3c_{n-2}$, con $c_0 = 3$ y $c_1 = 8$.

14. Calcula d_{15} para la sucesión definida por $d_n = 2d_{n-1} + d_{n-2}$, con $d_0 = 1$ y $d_1 = 3$.

15. Encuentra el término general e_n para la sucesión definida por $e_n = 5e_{n-1} - 6e_{n-2}$, con $e_0 = 2$ y $e_1 = 9$.

Combinación de Sucesiones

16. Encuentra el décimo término de la sucesión definida por $f_n = 2^n + 3n$.

17. Calcula la suma de los primeros 8 términos de la sucesión $g_n = 2^n - n$.

18. Encuentra el término general h_n para la sucesión $h_n = n^2 + 3n + 1$.

19. Calcula i_n para la sucesión definida por $i_n = \frac{1}{2^n}$.

20. Encuentra la suma de los primeros 6 términos de la sucesión definida por $j_n = \frac{1}{2^n} + \frac{1}{3^n}$.

Soluciones:

Soluciones (solo el resultado numérico)

1. 19	6. 162	11. 237	16. 2053
2. 270	7. 4094	12. 47902	17. 1998
3. 15	8. 5	13. 269557	18. $h_n = n^2 + 3n + 1$
4. 2	9. 960	14. 514229	19. $i_n = \frac{1}{2^n}$
5. -35	10. $\frac{1}{9}$	15. $e_n = 2^n + 3^n$	20. ≈ 1.82021

FUNCIONES

DATO HISTORICO FUNCIONES "Joseph Fourier":

 *Joseph Fourier nació en 1768 nació en Francia y murió en 1830 fue un matemático y físico francés que hizo aportaciones en el campo de las matemáticas, la transformada de Fourier y el análisis de Fourier son herramientas esenciales en muchas disciplinas científicas y técnicas.*

Una anécdota de Fourier fue que hizo estudios arqueológicos acompañando a Napoleón a Egipto en 1798. En ese tiempo empezó a desarrollar sus ideas acerca de la teoría analítica del calor.

Una función es una relación matemática de dos o más variables, en las que según se introduce un valor en una de las variables, la otra variable devuelve otro valor.

La variable a la que se va dando valores se le llama variable independiente y el conjunto de valores que acepta esta variable se le llama dominio.

La variable que devuelve valores según los valores de la variable independiente, se llama variable independiente y el conjunto de los valores que toma esta variable se llama Imagen o Recorrido.

Desde el siglo XVII y XVIII con grandes matemáticos como René Descartes y Pierre de Fermat, se utiliza la letra "x" para la variable independiente y la letra "y" para la variable dependiente.

Para cada valor de la variable independiente solo puede haber un valor de la variable dependiente, si no ocurre esto, no se llamará función.

Ejemplos de funciones aplicadas:

$$e = v \cdot t \quad , \quad F = m \cdot a \quad , \quad E = m \cdot c^2 \dots$$

Todas estas fórmulas se usan en física y tiene variables dependientes e independientes.

En matemáticas se usarán las letras "x" e "y" además de números y operaciones matemáticas para obtener funciones. Muchas veces en vez de usar "y" se usará f(x), que significa que la función llamada f depende de "x". Se pueden también usar más formas para llamar a la función.

Ejemplos:

$$y = 2 \cdot x \qquad f(x) = \frac{x^2 - x^3}{x + 2} \qquad y = \frac{1}{e^x}$$

Todas las funciones que se puedan imaginar se pueden representar en los ejes de coordenadas por medio de una tabla de valores, el eje y es el eje de ordenadas y el eje x es el eje de abscisas. Se ha visto en la resolución de sistemas por el método gráfico.

Ejemplo:

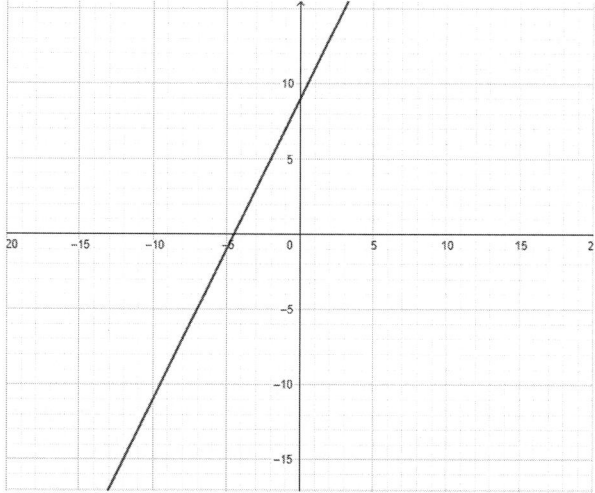

x	Y ó f(x)
0	9
1	11
2	13
3	15
4	17

$$f(x) = 2x + 9$$

Se explicarán conceptos básicos para poder analizar funciones:

Dominio de una función

El dominio de una función son los valores que toma la variable independiente "x" para que exista la función. No todos los valores de "x" son válidos para representar según qué tipo de funciones, para ello se estudiarán todos los tipos de funciones:

Polinómicas

Las funciones polinómicas son funciones cuyo dominio son todos los números reales. D=$\mathbb{R}$.

Ejemplos:

$$\text{Función constante: } f(x) = 9$$

$$\text{Función lineal (ecuación de una recta): } f(x) = 3x + 5$$

$$\text{Función cuadrática (ecuación de 2º): } f(x) = x^2 - 3x + 5$$

$$\text{Función polinómica con grado mayor de 2: } f(x) = 5x^5 + 3x^4 - 2x^3 + x^2 - 3x + 5$$

Todas estas funciones su dominio son todos los números reales, da igual el número que se imaginen que siempre existirá un valor de f(x).

Racionales

Las funciones racionales son divisiones de polinomios, por la tanto el dominio serán los números reales menos los que hacen 0 el denominador. Si el denominador es 0 no existirá la función, para resolver estos dominios se igualará a 0 el denominador.

Ejemplos:

$$f(x) = \frac{2x^2}{x^2 - 1} \quad \text{se iguala a 0 el denominador}$$

$$x^2 - 1 = 0$$

$$x^2 = 1$$

$$x = \pm\sqrt{1}$$

$$x = 1 \quad y \quad x = -1$$

$$D: \mathbb{R} - \{1 \, y - 1\} \; (Todos \; los \; reales \; menos \; 1 \; y - 1)$$

$$f(x) = \frac{3}{x - 1}$$

$$D: \mathbb{R} - \{1\} \; (Todos \; los \; reales \; menos \; 1)$$

Exponenciales

Las funciones exponenciales su dominio son todos los números reales, la variable independiente puede sustituirse por cualquier número real, porque la función siempre tendrá un valor.

Ejemplos:

$$f(x) = 5^{2x+1}$$

$$D: \mathbb{R}$$

$$f(x) = e^x$$

$$D: \mathbb{R}$$

Irracionales impares

Estas funciones son radicales que tienen índice impar, su dominio son todos los números reales. La variable independiente puede sustituirse por cualquier número real, porque la función siempre tendrá un valor.

Ejemplos:

$$f(x) = \sqrt[3]{x + 5}$$

$$D: \mathbb{R}$$

$$f(x) = \sqrt[5]{2x + 9}$$

$$D: \mathbb{R}$$

Irracionales pares

En estas funciones el radicando no puede ser negativo, si puede ser 0 pero no negativo. Se resolverá con una inecuación. Ya se explicó cómo resolver inecuaciones, se puede revisar este tema para recordarlo.

Ejemplo:

$$f(x) = \sqrt{x + 5}$$

$$x + 5 \geq 0$$

$$x \geq -5$$

$$D: [-5, \infty)$$

Estas funciones tienen un intervalo válido.

Logarítmicas

En estas funciones el logaritmo de 0 no existe ni tampoco se puede calcular el logaritmo de un número negativo. Se resolverá con una inecuación.

Ejemplo:

$$f(x) = \log (x + 5)$$

$$x + 5 > 0$$

$$x > -5$$

$$D: (-5, \infty)$$

Estas funciones tienen un intervalo válido, observad que el -5 no está incluido y se puso un paréntesis.

Trigonométricas

Las funciones seno y coseno tienen como dominio todos los números reales.

$$f(x) = \text{sen}(x + 5)$$

$$D: \mathbb{R}$$

$$f(x) = \cos(2x)$$

$$D: \mathbb{R}$$

La función tangente no existe para cualquier ángulo de 90º +180K siendo k perteneciente a los números enteros.

$$f(x) = \text{tg}(x)$$

$$D: \mathbb{R} - \{90 + 180k \; si \; k \in \mathbb{Z}\}$$

Ejercicios propuestos para el cálculo de dominios:

1. $D : \mathbb{R} - \{1\}$

2. $D : (-\infty, \frac{5}{2}]$

3. $D : (-4, \infty)$

4. $D : \mathbb{R} - \{3, -3\}$

5. $D : (-\infty, -2) \cup (2, \infty)$

6. $D : [\frac{2}{3}, \infty)$

7. $D : \mathbb{R} - \{2, -3\}$

8. $D : (-\infty, 2) \cup (3, \infty)$

9. $D : (-\infty, 1] \cup [3, \infty)$

10. $D : \mathbb{R} - \{1, -\frac{1}{2}\}$

11. $D : (-\sqrt{7}, \sqrt{7})$

12. $D : \mathbb{R} - \{2, -2\}$

13. $D : [-3, 3]$

14. $D : (-\infty, -1) \cup (1, \infty)$

15. $D : (2, \infty) - \{e + 2\}$

16. $D : (0, 4)$

17. $D : [-\frac{1}{2}, \infty)$

18. $D : \mathbb{R} - \{1\}$

19. $D : (3, \infty)$

20. $D : (-\infty, -4) \cup (2, \infty)$

Soluciones:

1. Determina el dominio de la función $f(x) = \frac{2x+3}{x-1}$.

2. Encuentra el dominio de la función $g(x) = \sqrt{5 - 2x}$.

3. Calcula el dominio de la función $h(x) = \ln(x + 4)$.

4. Halla el dominio de la función $k(x) = \frac{3x^2 - 2x + 1}{x^2 - 9}$.

5. Determina el dominio de la función $f(x) = \frac{1}{\sqrt{x^2 - 4}}$.

6. Encuentra el dominio de la función $g(x) = \sqrt{3x - 2} - 5$.

7. Calcula el dominio de la función $h(x) = \frac{x+1}{x^2 + x - 6}$.

8. Halla el dominio de la función $k(x) = \log(x^2 - 5x + 6)$.

9. Determina el dominio de la función $f(x) = \sqrt{x^2 - 4x +}$

10. Encuentra el dominio de la función $g(x) = \frac{4x+7}{2x^2 - x - 1}$.

11. Calcula el dominio de la función $h(x) = \ln(7 - x^2)$.

12. Halla el dominio de la función $k(x) = \frac{x^2 - 1}{x^2 - 4}$.

13. Determina el dominio de la función $f(x) = \sqrt{9 - x^2}$.

14. Encuentra el dominio de la función $g(x) = \frac{x+3}{\sqrt{x^2 - 1}}$.

15. Calcula el dominio de la función $h(x) = \frac{1}{\ln(x-2)}$.

16. Halla el dominio de la función $k(x) = \log(4x - x^2)$.

17. Determina el dominio de la función $f(x) = \sqrt{2x + 1} + 3$.

18. Encuentra el dominio de la función $g(x) = \frac{5x-1}{x^3 - 1}$.

19. Calcula el dominio de la función $h(x) = \frac{3x+4}{\sqrt{x-3}}$.

20. Halla el dominio de la función $k(x) = \log(x^2 + 2x - 8)$.

Tipos de Gráficas según las funciones, ejemplos:

Es muy importante que el alumno sepa las formas que tienen los diferentes tipos de funciones:

Funciones Polinómicas

$y = x^3 + 2x^2$

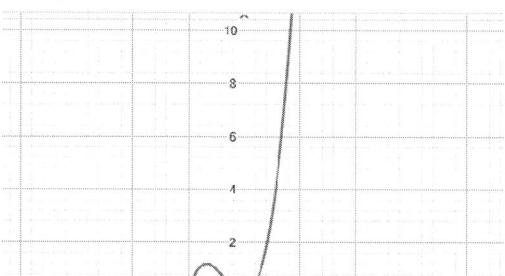

$f(x) = x^2 + 2x - 3$

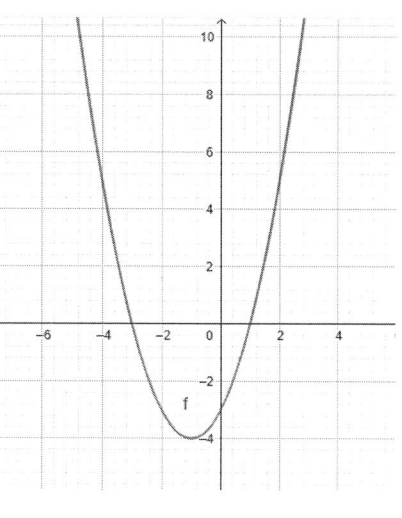

Funciones Racionales

$f(x) = \dfrac{1}{x}$

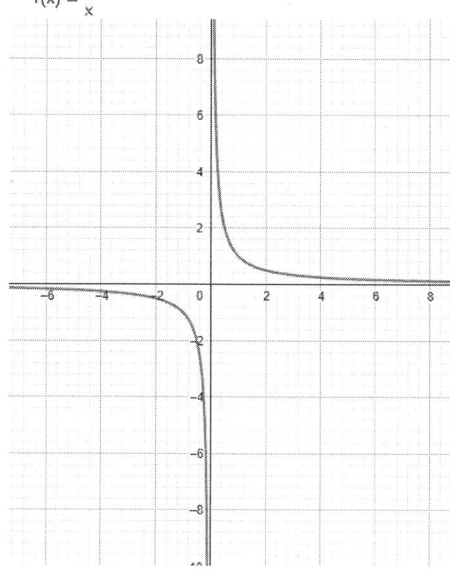

$y = \dfrac{2x^2}{x^2 - 1}$

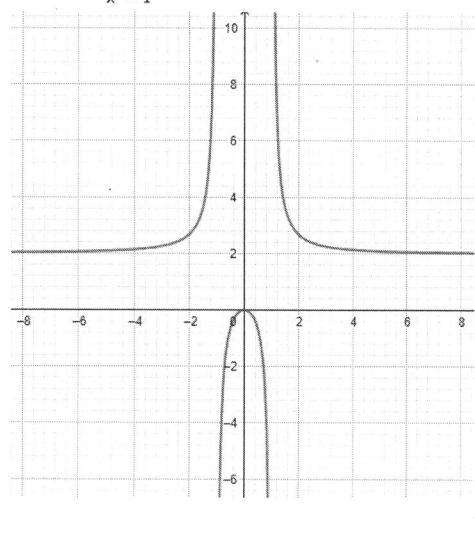

Funciones Irracionales Pares

$y = \sqrt{x+3}$

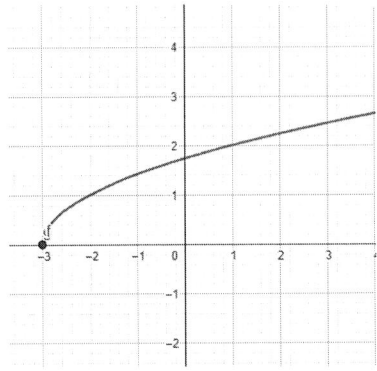

$y = \sqrt{x^2 - 9}$

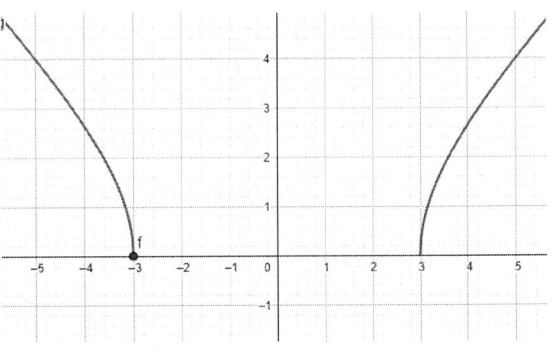

Funciones Irracionales Impares

$y = (x+3)^{\frac{2}{3}}$

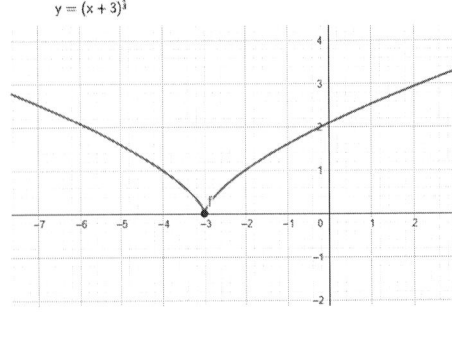

$y = (x+3)^{\frac{1}{3}}$

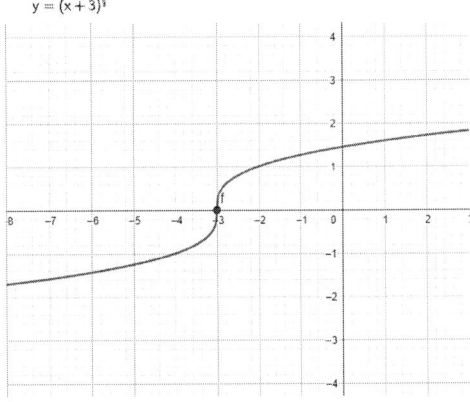

Funciones Logarítmicas

$y = \log_{10}(x+1)$

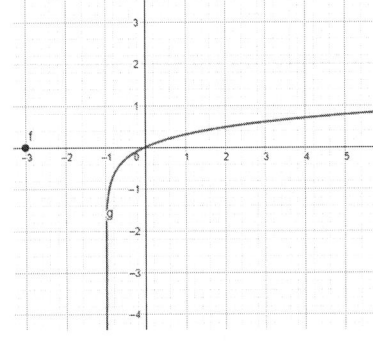

$y = \log_{10}(x^2 - 11)$

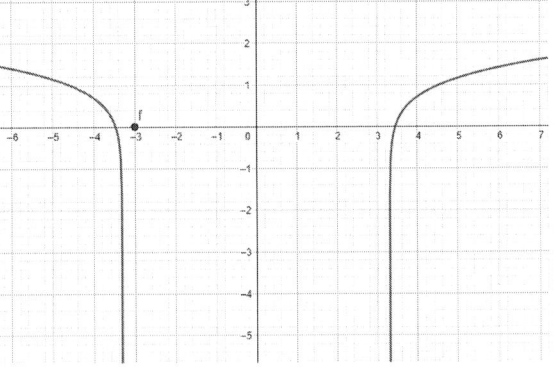

182

Funciones Exponenciales

$y = 2^{2x+1}$

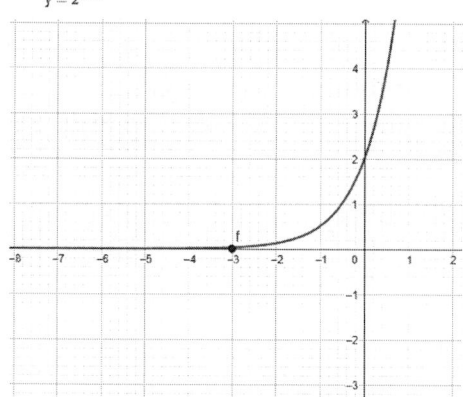

$y = 2^{-x+1}$

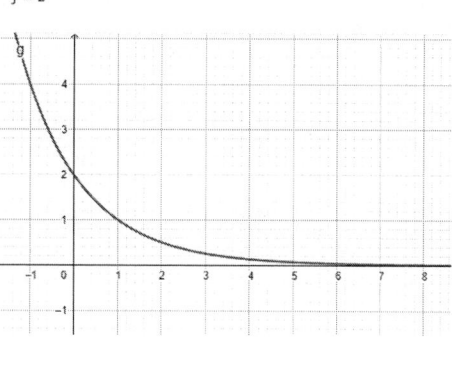

Funciones Trigonométricas

$y = \text{sen}(x)$

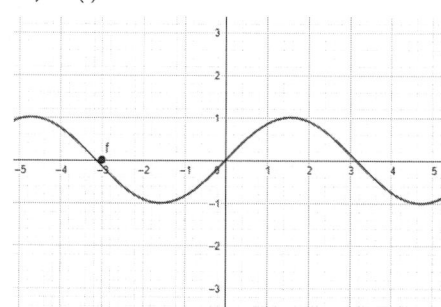

$y = \cos(x)$

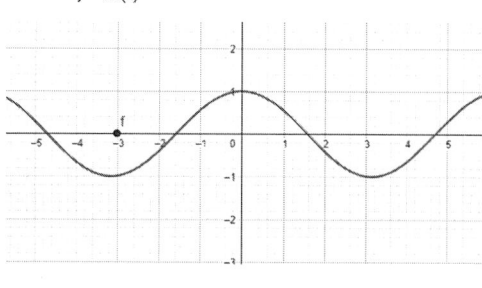

$y = \text{tg}(x)$

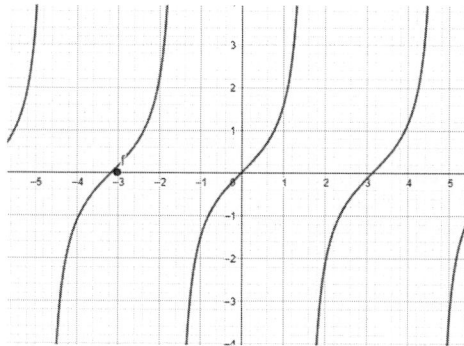

Estudio de una función: Crecimiento, decrecimiento, continuidad máximos y mínimos

Si se observa una función se puede ver como los valores de la variable dependiente (y o f(x)) van aumentando o disminuyendo, entonces se podrá indicar los intervalos donde la función es creciente o decreciente, estos valores de intervalos se referencian con el eje x de abscisas.

La continuidad de una función se observa siempre observando si se puede trazar la función sin levantar el bolígrafo o lápiz del papel, es decir, si el trazado no presenta discontinuidad.

Los máximos y mínimos, siempre que una función crece y seguidamente decrece se hablará de un máximo y si para al contrario será un mínimo. Si el máximo presenta el valor más elevado de f(x), entonces se dirá que es un máximo absoluto, si no es el valor más elevado será un máximo relativo, lo mismo ocurre con el mínimo.

Ejemplo:

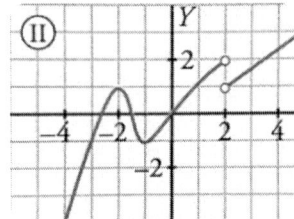

Crecimiento:

La función es creciente desde -4 hasta -2 unión desde -1 hasta 2 unión desde 2 hasta infinito. Se escribe así:

$$(-4,-2) \cup (-1,2) \cup (2,\infty)$$

Decrecimiento

$$(-2,-1)$$

La función es continua excepto en x=2 esta discontinuidad se dice que es inevitable de salto finito, ya que la función que se acerca al dos por la izquierda su valor sería 2 y el valor de la función a la derecha del 2 el valor sería 1, si alguno de los valores se fuese al infinito sería discontinuidad de salto infinito.

La función tiene un máximo relativo en el punto (-2,2) y un mínimo relativo en (-1,-1).

El dominio de la función son todos los números reales excepto el 2, ya que en ese punto la función no toma ningún valor.

Tipos de discontinuidades:

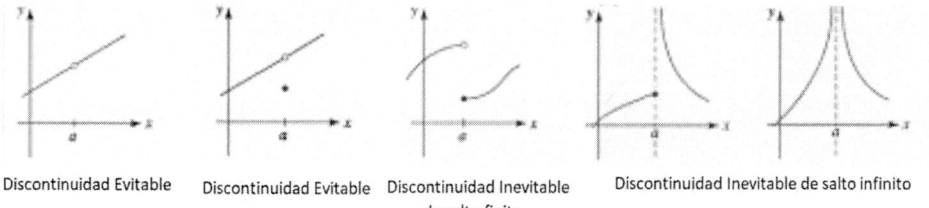

Discontinuidad Evitable   Discontinuidad Evitable   Discontinuidad Inevitable de salto finito   Discontinuidad Inevitable de salto infinito

Periodicidad:

La periodicidad de una función se refiere al intervalo después del cual la función repite sus valores. En otras palabras, una función f(x) es periódica si existe un número positivo T tal que:

$$f(x + T) = f(x)$$

para todo x en el dominio de la función. El número T se llama periodo de la función.

Ejemplos claros son las funciones trigonométricas, seno coseno y tangente.

Funciones Trigonométricas

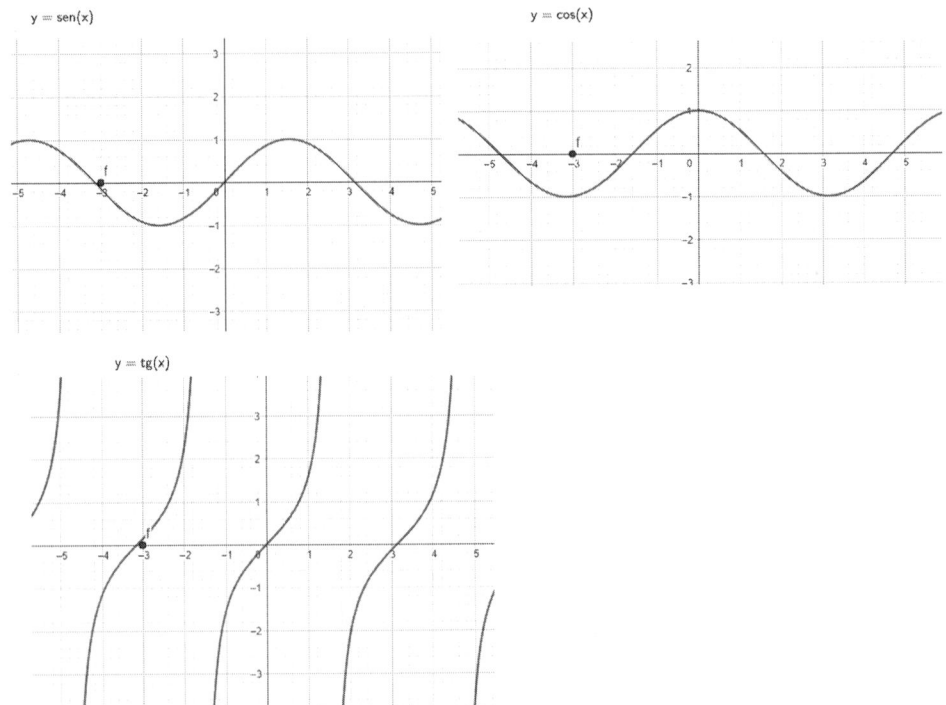

Tasa de Variación Media

La tasa de variación media nos sirve para identificar si una función crece o decrece en un intervalo determinado.

Sea una función $f(x)$, se calcula de la siguiente manera, para un intervalo (a,b):

$$TVM = \frac{f(b) - f(a)}{b - a}$$

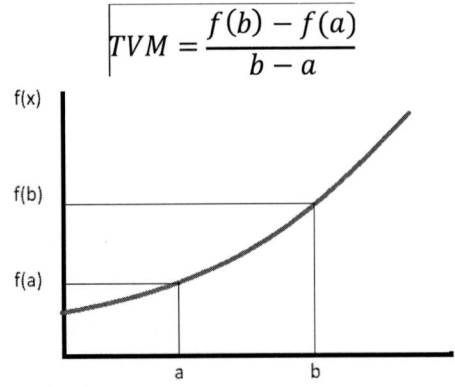

Si TVM > 0 la función será creciente.

Si TVM < 0 la función será decreciente.

Ejemplo:

Indicar si la función $f(x) = \dfrac{x^2-3}{x+1}$ es creciente o decreciente en el intervalo (1,5)

$$f(1) = \frac{1^3 - 3}{1 + 1} = -1$$

$$f(1) = \frac{5^3 - 3}{5 + 1} = \frac{122}{6}$$

$$TVM = \frac{\dfrac{122}{6} - (-2)}{5 - 1} = \frac{\dfrac{67}{3}}{4} = \frac{67}{12} \; la \; función \; será \; creciente$$

Función Lineal

Las funciones lineales se han explicado en el capítulo de ecuaciones de la recta. Es una ecuación de primer grado. Normalmente las ecuaciones lineales se encontrarán de forma explícita.

$$y = mx + n$$

"m" es la pendiente de la recta, como se explicó sería a partir del vector director, pero otra manera es a partir de dos puntos: $A(x_1,y_1)$ y $B(x_2,y_2)$:

$$m = \frac{y_2 - y_1}{x_2 - x_1} \; la \; pendiente \; coincide \; con \; la \; TVM$$

"n" es la ordenada en el origen quiere decir que es el punto de corte con el eje y, cuando la x vale 0, el resultado de la ecuación es n.

Ejemplo de cálculo de la recta a partir de dos puntos:

$$A(2,3) \; y \; B(5,10)$$

$$m = \frac{10 - 3}{5 - 2} = \frac{7}{3}$$

La recta sería, falta "n":

$$y = \frac{7}{3}x + n$$

$$3 = \frac{7}{3} \cdot 2 + n$$

$$n = 3 - \frac{14}{3} = -\frac{5}{3}$$

$$y = \frac{7}{3}x - \frac{5}{3}$$

Función Cuadrática o Función Segundo grado

Para representar una ecuación de segundo grado, hay que saber que la forma que tiene es de parábola, con lo cual tiene un vértice y un punto de corte con el eje y, con el eje x puede tener puntos de corte en caso de que la ecuación tenga solución.

$$f(x) = ax^2 + bx + c$$

Si a > 0 la parábola tendrá un mínimo con esta forma ∪.

Si a < 0 la parábola tendrá un mínimo con esta forma ∩.

El vértice (x_v, y_v) de la parábola (punto mínimo o máximo) se calcula de la siguiente forma:

$$x_v = \frac{-b}{2 \cdot a}$$

$$y_v = ax_v^2 + bx_v + c$$

Se calculan los puntos de corte con el eje x igualando la función a 0 (y=0), es decir se resuelve la ecuación de segundo grado.

Se calcula el punto de corte con el eje y se realiza f(0) (x=0).

Ejemplo:

Representar la función: $f(x) = x^2 - 5x - 6$

a > 0 la forma será ∪.

$$x_v = \frac{-b}{2 \cdot a} = \frac{5}{2} = 2'5$$

$$y_v = 2{,}5^2 - 5 \cdot 2{,}5 - 6 = -12{,}5$$

Vértice (2'5,-12'5)

Punto de corte con el eje x para y=0:

$$x = \frac{5 \pm \sqrt{(-5)^2 - 4 \cdot 1 \cdot (-6)}}{2 \cdot 1}$$

$$x = \frac{5 \pm 7}{2}$$

$$x = 6 \quad (6,0)$$

$$x = -1 \quad (-1,0)$$

Punto de corte con el eje y f(0):

$$y = 0^2 - 5 \cdot 0 - 6 = -6$$

(0,-6)

Todos los puntos se representan en los ejes de coordenadas:

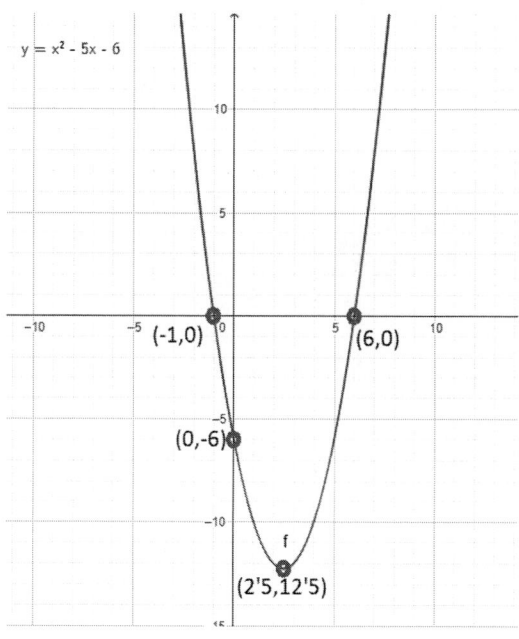

Funciones definidas a trozos

Las funciones definidas a trozos, en estas funciones hay intervalos donde en cada uno de ellos habrá que representar una función. Es muy importante entender el lenguaje, lo que quiere decir, se va a ver un ejemplo de función a trozos:

$$f(x) \begin{bmatrix} 2x+3 & si\ x < -1 \\ 4 & si -1 \leq x < 2 \\ x^2 + 6 & si\ x \geq 2 \end{bmatrix}$$

Lo más importante es entender esto:

$$f(x) \begin{bmatrix} & si\ x < -1 \\ & si -1 \leq x < 2 \\ & si\ x \geq 2 \end{bmatrix}$$

Son tres funciones, pero lo más importante es entender los intervalos asociados a cada función, eso se representará ahora para ver como quedarían los ejes de coordenadas:

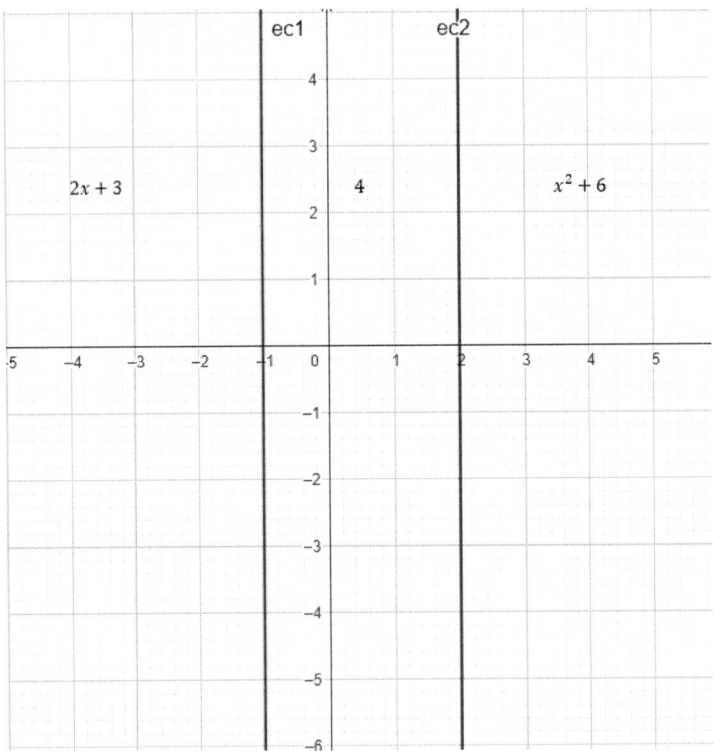

190

En cada intervalo se debe representar cada una de las funciones.

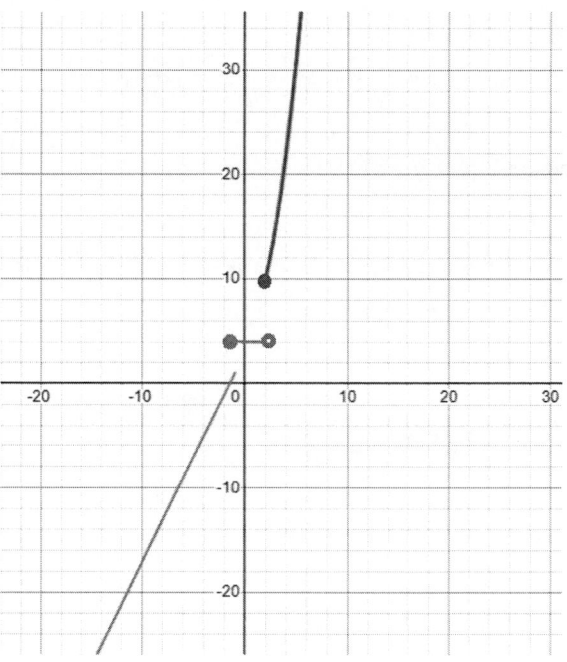

Ejercicios propuestos de funciones:

Interpretación de funciones

1. Dada la función $f(x) = 2x + 3$, ¿cuál es el valor de $f(2)$ y $f(-1)$?

2. La función $g(x) = x^2 - 4x + 7$ representa el costo en euros de producir x unidades de un producto. ¿Cuánto cuesta producir 3 unidades?

3. Si $h(x) = \sqrt{x+1}$, encuentra el valor de $h(8)$.

4. Una función $k(x) = 5x - 3$ representa la altura de una planta en cm después de x días. ¿Cuál será la altura de la planta después de 10 días?

5. La función $m(x) = \frac{1}{x-2}$ no está definida en cierto punto. Identifica ese punto.

6. Dada la función $p(x) = -2x + 4$, encuentra el valor de x tal que $p(x) = 0$.

7. Si $q(x) = 3x^2 - 2x + 1$, calcula $q(1)$ y $q(-1)$.

8. La función $r(x) = x^3$ describe la relación entre el tiempo y la distancia recorrida por un objeto. ¿Qué distancia ha recorrido el objeto en 2 segundos?

9. Para la función $s(x) = x^2 + 2x - 8$, encuentra los puntos donde $s(x) = 0$.

10. La función $t(x) = \frac{x+3}{x-1}$ describe la velocidad de un coche en función del tiempo. ¿Qué sucede cuando $x = 1$?

Tasa de variación media

1. Calcula la tasa de variación media de la función $f(x) = 3x + 1$ en el intervalo $[2, 5]$.

2. Encuentra la tasa de variación media de $g(x) = x^2 - 4x + 4$ en el intervalo $[1, 3]$.

3. Determina la tasa de variación media de $h(x) = \sqrt{x}$ en el intervalo $[4, 9]$.

4. Calcula la tasa de variación media de $k(x) = 2x^2 + 3x - 5$ en el intervalo $[0, 2]$.

5. Encuentra la tasa de variación media de $m(x) = x^3 - 3x$ en el intervalo $[-1, 2]$.

6. Determina la tasa de variación media de $p(x) = \frac{1}{x}$ en el intervalo $[1, 4]$.

7. Calcula la tasa de variación media de $q(x) = x^2 + 2x + 1$ en el intervalo $[0, 3]$.

8. Encuentra la tasa de variación media de $r(x) = \ln(x)$ en el intervalo $[1, e]$.

9. Determina la tasa de variación media de $s(x) = e^x$ en el intervalo $[0, 1]$.

10. Calcula la tasa de variación media de $t(x) = \cos(x)$ en el intervalo $[0, \pi/2]$.

Representar ecuaciones lineales

1. Representa la ecuación $y = 2x + 3$.

2. Dibuja la gráfica de $y = -x + 5$.

3. Representa la ecuación $y = 0.5x - 1$.

4. Dibuja la gráfica de $y = 3x - 4$.

5. Representa la ecuación $y = -2x + 6$.

6. Dibuja la gráfica de $y = 4x + 2$.

7. Representa la ecuación $y = -0.5x + 3$.

8. Dibuja la gráfica de $y = x - 2$.

9. Representa la ecuación $y = -3x + 1$.

10. Dibuja la gráfica de $y = 2.5x - 3$.

Representar funciones cuadráticas

1. Representa la función $f(x) = x^2$.

2. Dibuja la gráfica de $g(x) = x^2 - 4$.

3. Representa la función $h(x) = x^2 + 2x + 1$.

4. Dibuja la gráfica de $k(x) = -x^2 + 3x - 2$.

5. Representa la función $m(x) = 2x^2 - 4x + 1$.

6. Dibuja la gráfica de $p(x) = -x^2 + 4$.

7. Representa la función $q(x) = 0.5x^2 - x$.

8. Dibuja la gráfica de $r(x) = -2x^2 + 4x - 1$.

9. Representa la función $s(x) = x^2 - 3x + 2$.

10. Dibuja la gráfica de $t(x) = -0.5x^2 + 2x - 3$.

Funciones a trozos

1. Representa la función $f(x) = \begin{cases} x+2 & \text{si } x < 0 \\ -x+2 & \text{si } x \geq 0 \end{cases}$.

2. Dibuja la gráfica de $g(x) = \begin{cases} 2x-1 & \text{si } x < 1 \\ x^2 & \text{si } x \geq 1 \end{cases}$.

3. Representa la función $h(x) = \begin{cases} x^2 & \text{si } x \leq 0 \\ 2x+1 & \text{si } x > 0 \end{cases}$.

4. Dibuja la gráfica de $k(x) = \begin{cases} -x+3 & \text{si } x < 2 \\ x^2-4 & \text{si } x \geq 2 \end{cases}$.

5. Representa la función $m(x) = \begin{cases} 3x & \text{si } x < 0 \\ x^2+1 & \text{si } x \geq 0 \end{cases}$.

6. Dibuja la gráfica de $p(x) = \begin{cases} 2x+3 & \text{si } x < -1 \\ -x & \text{si } x \geq -1 \end{cases}$.

7. Representa la función $q(x) = \begin{cases} x-2 & \text{si } x \leq 1 \\ -x+1 & \text{si } x > 1 \end{cases}$.

8. Dibuja la gráfica de $r(x) = \begin{cases} -x^2+2 & \text{si } x < 0 \\ x^2 & \text{si } x \geq 0 \end{cases}$.

9. Representa la función $s(x) = \begin{cases} x+1 & \text{si } x < -2 \\ -x^2+4 & \text{si } x \geq -2 \end{cases}$.

10. Dibuja la gráfica de $t(x) = \begin{cases} 2x-3 & \text{si } x < 1 \\ 3x+1 & \text{si } x \geq 1 \end{cases}$.

COMBINATORIA

DATO HISTÓRICO COMBINATORIA "Paul Erdös":

Paul Erdös nació en 1913 y murió en 1996, fue un matemático Húngaro, sus contribuciones más importantes son: Teoría de Grafos, Combinatoria Extremal, planteó y resolvió problemas combinatorios, e incluso creo el "Número de Erdös" se refiere a la distancia colaborativa entre un autor y Erdös en términos de publicaciones académicas.

Erdös publicó más de 1.500 artículos científicos.

Tenía un estilo de vida nómada completamente dedicado a las matemáticas, no tenía casa propia, viajaba constantemente quedándose con colegas y amigos por todo el mundo. Se quedaba en las casas de los amigos hasta que se cansaban de la convivencia. Al tener tantos amigos distribuidos por el mundo, publicaba juegos y daba premios, así como la creación de un número el "Número de Erdös" que es una medida de la distancia en colaboración matemática de Erdös, partiendo del propio Erdös que era el 0, sus colaboradores directos tenían el 1, los colaboradores de los colaboradores tenían el 2, y así sucesivamente.

La combinatoria estudia las diferentes maneras en que se pueden combinar o disponer los elementos de un conjunto. Se va a estudiar las permutaciones, combinaciones y variaciones, con repetición y sin repetición.

Los ejercicios de combinatoria, sobre todos los problemas pueden crear confusión, por eso lo que se va a hacer en este libro es identificar correctamente el tipo de combinatoria para ejecutar correctamente la ecuación adecuada a cada ejercicio.

Combinaciones

Las combinaciones son las formas en que se pueden seleccionar elementos de un conjunto sin importar el orden. También se distinguen según si los elementos se repiten o no.

Combinaciones sin repetición:

El número de combinaciones posibles de n elementos tomados de k en k $\binom{n}{k}$.

Fórmula:

$$C_{(n,k)} = \binom{n}{k} = \frac{n!}{k! \cdot (n-k)!}$$

Combinaciones con repetición:

Permiten seleccionar los mismos elementos más de una vez.

Fórmula:

$$C_{(n,k)} = \binom{n+k-1}{k} = \frac{(n+k-1)!}{k! \cdot (n-1)!}$$

Variaciones

Las variaciones son las formas en que se pueden ordenar un subconjunto de elementos de un conjunto más grande. También se distinguen según si los elementos se repiten o no.

Variaciones sin repetición:

El número de variaciones de n elementos tomados de k en k es V(n,k).

Fórmula:

$$V_{(n,k)} = \frac{n!}{(n-k)!}$$

Variaciones con repetición:

Permiten seleccionar los mismos elementos más de una vez.

Fórmula:

$$V'(n,k) = n^k$$

Permutaciones

Las permutaciones son las diferentes formas en que se pueden ordenar los elementos de un conjunto. Se diferencian según si los elementos se repiten o no y si se usa todo el conjunto o solo una parte.

Permutaciones sin repetición:

¡Si se tienen "n" elementos, el número de permutaciones posibles es n! (factorial de n).

Fórmula: P(n)=n!

Permutaciones con repetición:

Si algunos elementos se repiten, entonces la fórmula se ajusta dividiendo por las factoriales de los elementos que se repiten.

Fórmula:

$$P(n_1, n_2, \dots n_n) = \frac{n!}{n_1 \cdot n_2 \dots n_n}$$

Cuando se hagan los ejercicios hay que seguir este esquema

$$Tipo \begin{cases} No\ se\ toman\ todos\ los\ elementos \begin{cases} No\ importa\ el\ orden \begin{cases} No\ se\ repiten\ los\ elementos\ \textbf{Combinación} \\ Si\ se\ repiten\ lo\ selmentos\ \textbf{Combinación con epetición} \end{cases} \\ Si\ importa\ el\ orden \begin{cases} No\ se\ repiten\ los\ elementos\ \textbf{Variación} \\ Si\ se\ repiten\ lo\ selmento\ \textbf{Variación con repetición} \end{cases} \end{cases} \\ Se\ toman\ todos\ los\ elementos \begin{cases} No\ repiten\ los\ elementos \rightarrow \textbf{Permutación} \\ Se\ repiten\ los\ elementos \rightarrow \textbf{Permutación con repetición} \end{cases} \end{cases}$$

Se pondrá un ejemplo de cada uno de los tipos de combinatoria que se puede usar:

Permutaciones:

¿Cuántas formas diferentes hay de ordenar las letras A, B, y C?

Hay que preguntarse, se toman todos los elementos, en este caso, si, se toman los tres elementos, ya se sabe que es permutación, no se repiten los elementos, el ejercicio no lo especifica, así que se considera una permutación sin repetición.

P(3)=3!=3×2×1=6 permutaciones.

Las permutaciones son: ABC, ACB, BAC, BCA, CAB, y CBA.

Combinaciones sin repetición:

¿De cuántas formas se pueden elegir 2 elementos de un conjunto de 4 elementos (A, B, C, D)?

Hay que preguntarse, se toman todos los elementos, en este caso, no, se toman dos elementos, ¿importa el orden? no se especifica, tampoco que se repitan los elementos, con lo cual es una combinación sin repetición.

$$C(4,2) = \frac{4!}{2! \cdot (4-2)!} = \frac{4 \cdot 3 \cdot 2 \cdot 1}{2 \cdot 1 \cdot 2 \cdot 1} = \frac{24}{4} = 6 \; combinaciones$$

Las combinaciones son: AB, AC, AD, BC, BD, y CD.

Variaciones sin repetición:

¿Cuántas formas hay de ordenar 2 elementos de un conjunto de 4 elementos (A, B, C, D)?

Hay que preguntarse, se toman todos los elementos, en este caso, no, se toman dos elementos, ¿importa el orden? se especifica al poner la palabra "ordenar" en la pregunta, no se repiten los elementos, por lo tanto, es una Variación sin repetición.

$$V(4,2) = \frac{4!}{(4-2)!} = \frac{4 \cdot 3 \cdot 2 \cdot 1}{2 \cdot 1} = \frac{24}{2} = 12 \; combinaciones$$

Las variaciones son: AB, AC, AD, BA, BC, BD, CA, CB, CD, DA, DB, y DC.

Ejercicios propuestos de combinatoria

Combinación sin repetición

1. ¿De cuántas maneras se pueden elegir 3 libros de una colección de 8?

2. ¿Cuántos equipos de 4 jugadores se pueden formar de un grupo de 10 jugadores?

3. ¿De cuántas formas se pueden seleccionar 5 frutas de un conjunto de 12 frutas?

4. ¿Cuántos comités de 3 personas se pueden formar de un grupo de 9 personas?

5. ¿De cuántas formas se pueden elegir 6 cartas de una baraja de 52 cartas?

6. ¿Cuántas maneras hay de seleccionar 2 bolas de un conjunto de 7 bolas?

7. ¿De cuántas maneras se pueden elegir 4 estudiantes de una clase de 15 estudiantes?

8. ¿Cuántos subconjuntos de 3 elementos se pueden formar de un conjunto de 10 elementos?

9. ¿De cuántas maneras se pueden elegir 5 ingredientes de una lista de 11 ingredientes?

10. ¿Cuántos grupos de 2 elementos se pueden formar de un conjunto de 6 elementos?

Combinación con repetición

1. ¿Cuántas maneras hay de elegir 3 frutas de un conjunto de 5 tipos diferentes, si se pueden repetir?

2. ¿De cuántas formas se pueden seleccionar 4 dulces de una caja que tiene 7 tipos diferentes, si se pueden repetir?

3. ¿Cuántas maneras hay de elegir 6 bolígrafos de 4 colores diferentes, si se pueden repetir?

4. ¿De cuántas formas se pueden seleccionar 3 libros de una biblioteca con 10 títulos diferentes, si se pueden repetir?

5. ¿Cuántas maneras hay de elegir 5 flores de 6 tipos diferentes, si se pueden repetir?

6. ¿De cuántas formas se pueden seleccionar 4 pelotas de 3 colores diferentes, si se pueden repetir?

7. ¿Cuántas maneras hay de elegir 2 bebidas de 8 tipos diferentes, si se pueden repetir?

8. ¿De cuántas formas se pueden seleccionar 7 caramelos de 4 sabores diferentes, si se pueden repetir?

9. ¿Cuántas maneras hay de elegir 5 camisetas de 5 colores diferentes, si se pueden repetir?

10. ¿De cuántas formas se pueden seleccionar 3 lápices de 6 tipos diferentes, si se pueden repetir?

Variación sin repetición

1. ¿De cuántas maneras se pueden ordenar 3 de los 7 libros en una estantería?

2. ¿Cuántos arreglos diferentes se pueden hacer con 4 de los 10 jugadores en un equipo?

3. ¿De cuántas maneras se pueden asignar 2 premios a 5 estudiantes, si no pueden repetirse?

4. ¿Cuántas secuencias diferentes se pueden hacer con 3 de las 8 letras de un alfabeto?

5. ¿De cuántas maneras se pueden asignar 3 puestos diferentes a 6 candidatos?

6. ¿Cuántas combinaciones de 2 cartas se pueden hacer con 5 cartas diferentes, si no pueden repetirse?

7. ¿De cuántas maneras se pueden ordenar 4 de los 9 ingredientes en una receta?

8. ¿Cuántas maneras hay de elegir y ordenar 3 frutas de un conjunto de 7 frutas?

9. ¿De cuántas maneras se pueden seleccionar y ordenar 2 bolígrafos de 6 diferentes?

10. ¿Cuántas secuencias diferentes se pueden hacer con 3 de los 10 números de un conjunto?

Variación con repetición

1. ¿Cuántas secuencias de 3 letras se pueden hacer con las letras A, B, y C, si se pueden repetir?

2. ¿De cuántas maneras se pueden asignar 2 premios a 5 estudiantes, si pueden repetirse?

3. ¿Cuántas combinaciones de 2 cartas se pueden hacer con 5 cartas diferentes, si pueden repetirse?

4. ¿De cuántas maneras se pueden elegir y ordenar 3 frutas de un conjunto de 7 frutas, si pueden repetirse?

5. ¿Cuántas secuencias diferentes se pueden hacer con 3 de las 5 letras de un alfabeto, si pueden repetirse?

6. ¿De cuántas maneras se pueden asignar 3 puestos diferentes a 4 candidatos, si pueden repetirse?

7. ¿Cuántas secuencias de 4 dígitos se pueden hacer con los números del 0 al 9?

8. ¿De cuántas maneras se pueden seleccionar y ordenar 2 bolígrafos de 6 diferentes, si pueden repetirse?

9. ¿Cuántas maneras hay de elegir y ordenar 4 frutas de un conjunto de 5 frutas, si pueden repetirse?

10. ¿De cuántas maneras se pueden ordenar 3 de las 7 letras de un alfabeto, si pueden repetirse?

Permutación sin repetición

1. ¿De cuántas maneras se pueden ordenar las letras de la palabra "CASA"?

2. ¿Cuántas maneras hay de ordenar 5 libros en una estantería?

3. ¿De cuántas maneras se pueden ordenar las letras de la palabra "MESA"?

4. ¿Cuántas maneras hay de ordenar 6 jugadores en un equipo?

5. ¿De cuántas maneras se pueden ordenar las letras de la palabra "PERRO"?

6. ¿Cuántas maneras hay de ordenar 4 cartas diferentes?

7. ¿De cuántas maneras se pueden ordenar las letras de la palabra "GATO"?

8. ¿Cuántas maneras hay de ordenar 7 frutas en una cesta?

9. ¿De cuántas maneras se pueden ordenar las letras de la palabra "RANA"?

10. ¿Cuántas maneras hay de ordenar 3 números diferentes?

Permutación con repetición

1. ¿De cuántas maneras se pueden ordenar las letras de la palabra "AABB"?

2. ¿Cuántas maneras hay de ordenar las letras de la palabra "MAMÁ"?

3. ¿De cuántas maneras se pueden ordenar las letras de la palabra "BEBÉ"?

4. ¿Cuántas maneras hay de ordenar las letras de la palabra "COCO"?

5. ¿De cuántas maneras se pueden ordenar las letras de la palabra "LUNA" con dos "A" y dos "L"?

6. ¿Cuántas maneras hay de ordenar las letras de la palabra "TATA"?

7. ¿De cuántas maneras se pueden ordenar las letras de la palabra "PEPE"?

8. ¿Cuántas maneras hay de ordenar las letras de la palabra "RELOJ" con dos "L"?

9. ¿De cuántas maneras se pueden ordenar las letras de la palabra "SOL" con dos "O"?

10. ¿Cuántas maneras hay de ordenar las letras de la palabra "GOL" con dos "O"?

ESTADÍSTICA

DATO HISTORICO ESTADÍSTICA *"Karl Pearson"*:

Karl Pearson nación en 1857 y murió en 1936, natural de Inglaterra, fue el matemático más prolífico en el campo de la estadística.

Fundador de la estadística moderna por medio de métodos estadísticos que son fundamentales hoy en día. Introdujo el coeficiente de correlación, una medida estadística que sirve para evaluar la fuerza y la dirección de la relación lineal entre variables.

La estadística es una herramienta que se usa en matemáticas para estudiar los datos que se obtiene de una experiencia. El análisis de esos datos nos puede llevar a tomar importantes en la rama que lo apliquemos. Siempre se parte de una población o muestra y generalmente se analiza una medida.

El tipo de estadística nos puede aportar datos cualitativos, cuando no importa la cantidad, solo es una medida general, como por ejemplo datos de colores.

El segundo tipo de estadística es la cuantitativa, donde se manejan datos en los que se representan cantidades.

Se hablará en este curso de la estadística descriptiva: Se enfoca en describir y resumir los datos de manera clara y comprensible. Incluye:

- Medidas de Tendencia Central: Como la media, mediana y moda, que indican el centro de una distribución de datos.

- Medidas de Dispersión: Como la varianza, desviación estándar y rango, que muestran cómo se distribuyen los datos alrededor de la tendencia central.

- Representaciones Gráficas: Como histogramas, diagramas de caja (box plots), gráficos de barras y gráficos circulares (pastel), que permiten visualizar los datos.

A partir de un ejemplo se va a observar cómo se obtienen los valores de la estadística descriptiva.

Ejemplo:

Se tienen los datos de notas evaluación de un instituto de la asignatura de matemáticas de 4 de la ESO:

0, 1, 5, 7, 8, 5, 5, 5, 7, 2, 5, 3, 2, 0, 1, 0, 1, 6, 3, 5,

10, 9, 8, 5, 5, 4, 3, 3, 5, 8, 10, 5, 2, 3, 3, 5, 9, 9, 8 y 8.

Se crea la primera columna llamada xi, sonde se colocan todos los valores que se van a estudiar:

Xi
0
1
2
3
4
5
6
7
8
9
10

Se crea una segunda columna que se llama frecuencia, es el número de veces que se repite xi, su nombre es "fi". De esta columna si se suma nos sale el número de datos.

Xi	fi
0	3
1	3
2	3
3	6
4	1
5	11
6	1
7	2
8	5

9	3
10	2
N	40

La siguiente columna es la frecuencia relativa, nos da el tanto por uno que hay de cada dato (el tanto por uno es la proporción de datos sin multiplicar por 100) Para calcularlo se divide fi/N.

Xi	fi	hi
0	3	0,075
1	3	0,075
2	3	0,075
3	6	0,15
4	1	0,025
5	11	0,275
6	1	0,025
7	2	0,05
8	5	0,125
9	3	0,075
10	2	0,05
N	40	1

La cuarta columna es la frecuencia acumulada, se suma a parir del primer valor el siguiente "Fi".

Xi	fi	hi	Fi
0	3	0,075	3
1	3	0,075	6
2	3	0,075	9
3	6	0,15	15
4	1	0,025	16
5	11	0,275	27
6	1	0,025	28
7	2	0,05	30
8	5	0,125	35
9	3	0,075	38
10	2	0,05	40
N	40	1	

La quinta columna es la frecuencia relativa acumulada, nos sirve para calcular la mediana y los cuartiles:

Xi	fi	hi	Fi	Hi
0	3	0,075	3	0,075
1	3	0,075	6	0,15
2	3	0,075	9	0,225
3	6	0,15	15	0,375
4	1	0,025	16	0,40
5	11	0,275	27	0,675
6	1	0,025	28	0,7
7	2	0,05	30	0,75
8	5	0,125	35	0,875
9	3	0,075	38	0,95
10	2	0,05	40	1
N	40	1		

La mediana es igual el segundo cuartil, que nos dice hasta donde está el 50% de los datos, es decir, en nuestro ejemplo está el 50% de los datos es el 5, porque justo es la primera medida de Hi por encima de 0,50 que representa el 50% de los datos. En cuanto se observe una medida igual o superior a 0'50, esa será la mediana y también el cuartil segundo.

El Primer cuartil es el 25% de los datos que corresponde al 3 ya que como antes, es el primer valor mayor o igual a 0'25.

El tercer cuartil es el que indica el 75% de los datos en este caso será el 7.

La sexta columna nos ayudará a calcular la media $\overline{x}$. Es el valor medio de todas las notas.

Xi	fi	hi	Fi	Hi	Xi·fi
0	3	0,075	3	0,075	0
1	3	0,075	6	0,15	3
2	3	0,075	9	0,225	6
3	6	0,15	15	0,375	18
4	1	0,025	16	0,40	4
5	11	0,275	27	0,675	55
6	1	0,025	28	0,7	6
7	2	0,05	30	0,75	14
8	5	0,125	35	0,875	40

9	3	0,075	38	0,95	27
10	2	0,05	40	1	20
N	40	1			193

$$\bar{x} = \frac{\sum xi \cdot fi}{n} = \frac{193}{40} = 4'825$$

La siguiente columna nos permite calcular la varianza que es una medida de dispersión que cuantifica la dispersión o variabilidad de un conjunto de datos. Específicamente, la varianza mide la distancia promedio al cuadrado de cada dato respecto a la media del conjunto. En otras palabras, indica qué tan dispersos están los datos alrededor de la media:

Xi	fi	hi	Fi	Hi	Xi·fi	(xi2·fi)
0	3	0,075	3	0,075	0	0
1	3	0,075	6	0,15	3	3
2	3	0,075	9	0,225	6	12
3	6	0,15	15	0,375	18	54
4	1	0,025	16	0,40	4	16
5	11	0,275	27	0,675	55	275
6	1	0,025	28	0,7	6	36
7	2	0,05	30	0,75	14	98
8	5	0,125	35	0,875	40	320
9	3	0,075	38	0,95	27	243
10	2	0,05	40	1	20	200
N	40	1			193	1257

$$\sigma^2 = \frac{\sum xi^2 \cdot fi}{n} - \bar{x}^2 = \frac{1257}{40} - 4'825^2 = 8'144$$

Desviación típica , es una medida de dispersión que indica cuánto se desvían en promedio los valores de un conjunto de datos con respecto a la media. Es la raíz cuadrada de la varianza y proporciona una medida de dispersión en las mismas unidades que los datos originales.

$$\sigma = \sqrt{\sigma^2} = \sqrt{8,144} = 2,854$$

La octava columna es la desviación media, también conocida como desviación absoluta media, es una medida de dispersión que indica el promedio de las desviaciones absolutas de los datos respecto a la media aritmética. Es una alternativa a la varianza y la desviación estándar que no utiliza el cuadrado de las desviaciones, lo que la hace menos sensible a valores extremos.

Xi	fi	hi	Fi	Hi	Xi·fi	(xi2·fi)	xi-$\bar{x}$
0	3	0,075	3	0,075	0	0	4,825
1	3	0,075	6	0,15	3	3	3,825
2	3	0,075	9	0,225	6	12	2,825
3	6	0,15	15	0,375	18	54	1,825
4	1	0,025	16	0,40	4	16	0,825
5	11	0,275	27	0,675	55	275	1,825
6	1	0,025	28	0,7	6	36	2,825
7	2	0,05	30	0,75	14	98	3,825
8	5	0,125	35	0,875	40	320	4,825
9	3	0,075	38	0,95	27	243	5,825
10	2	0,05	40	1	20	200	6,825
N	40	1			193	1257	40,075

$$DM = \frac{\sum |xi - \bar{x}|}{n} = \frac{40{,}075}{40} = 1{,}002$$

Por último el coeficiente de dispersión es una medida que permite comparar la variabilidad relativa entre distintos conjuntos de datos, independientemente de sus unidades o magnitudes. Esta medida se expresa como un porcentaje y se calcula dividiendo la desviación estándar (o la desviación media) por la media aritmética, y luego multiplicando por 100.

$$C.V. = \frac{\sigma}{\bar{x}} \cdot 100 = \frac{2{,}854}{4{,}825} \cdot 100 = 59{,}15\%$$

Ejercicios propuestos de estadística

1. Conjunto de datos: 12,15,18,12,20.

   Calcula la media, mediana, moda, varianza, desviación estándar, rango, y construye una tabla de frecuencias con frecuencias relativas y acumuladas.

2. Conjunto de datos: 10,12,15,18,20.

   Calcula la media, mediana, moda, varianza, desviación estándar, rango, y construye una tabla de frecuencias con frecuencias relativas y acumuladas.

3. Conjunto de datos: 160,165,170,175,180,165,170,175,172,168.

   Calcula la media, mediana, moda, varianza, desviación estándar, rango, y construye una tabla de frecuencias con frecuencias relativas y acumuladas.

4. Conjunto de datos: 22,24,26,28,30,32,34,28,26,25.

   Calcula la media, mediana, moda, varianza, desviación estándar, rango, y construye una tabla de frecuencias con frecuencias relativas y acumuladas.

5. Conjunto de datos: 1,2,3,4,5,6,7,8,9,10.

   Calcula la media, mediana, moda, varianza, desviación estándar, rango, y construye una tabla de frecuencias con frecuencias relativas y acumuladas.

6. Conjunto de datos: 5,10,5,15,5,20,5,25,5,30.

   Calcula la media, mediana, moda, varianza, desviación estándar, rango, y construye una tabla de frecuencias con frecuencias relativas y acumuladas.

7. Conjunto de datos: 18,16,20,19,17,16,18,19,21,22.

   Calcula la media, mediana, moda, varianza, desviación estándar, rango, y construye una tabla de frecuencias con frecuencias relativas y acumuladas.

8. Conjunto de datos: 12,14,15,16,18,17,15,13,15,12.

   Calcula la media, mediana, moda, varianza, desviación estándar, rango, y construye una tabla de frecuencias con frecuencias relativas y acumuladas.

9. Conjunto de datos: 5,6,7,5,8,5,9,5,10,5.

   Calcula la media, mediana, moda, varianza, desviación estándar, rango, y construye una tabla de frecuencias con frecuencias relativas y acumuladas.

10. Conjunto de datos: 30,35,40,45,50,55,60,65,70,75.

    Calcula la media, mediana, moda, varianza, desviación estándar, rango, y construye una tabla de frecuencias con frecuencias relativas y acumuladas.

11. Conjunto de datos: 7,8,6,9,7,10,5,11,4,12.

Calcula la media, mediana, moda, varianza, desviación estándar, rango, y construye una tabla de frecuencias con frecuencias relativas y acumuladas.

12. Conjunto de datos: 25,27,29,30,32,33,34,35,36,37.

Calcula la media, mediana, moda, varianza, desviación estándar, rango, y construye una tabla de frecuencias con frecuencias relativas y acumuladas.

13. Conjunto de datos: 18,20,16,22,19,17,15,21,23,24.

Calcula la media, mediana, moda, varianza, desviación estándar, rango, y construye una tabla de frecuencias con frecuencias relativas y acumuladas.

14. Conjunto de datos: 10,12,14,16,18,20,22,24,26,28.

Calcula la media, mediana, moda, varianza, desviación estándar, rango, y construye una tabla de frecuencias con frecuencias relativas y acumuladas.

15. Conjunto de datos: 30,25,35,20,40,15,45,10,50,50.

Calcula la media, mediana, moda, varianza, desviación estándar, rango, y construye una tabla de frecuencias con frecuencias relativas y acumuladas.

16. Conjunto de datos: 12,14,16,18,20,22,24,26,28,30.

Calcula la media, mediana, moda, varianza, desviación estándar, rango, y construye una tabla de frecuencias con frecuencias relativas y acumuladas.

17. Conjunto de datos: 8,12,10,14,16,18,20,22,24,26.

Calcula la media, mediana, moda, varianza, desviación estándar, rango, y construye una tabla de frecuencias con frecuencias relativas y acumuladas.

18. Conjunto de datos: 15,20,25,30,35,40,45,50,55,60.

Calcula la media, mediana, moda, varianza, desviación estándar, rango, y construye una tabla de frecuencias con frecuencias relativas y acumuladas.

19. Conjunto de datos: 6,8,10,12,14,16,18,20,22,24.

Calcula la media, mediana, moda, varianza, desviación estándar, rango, y construye una tabla de frecuencias con frecuencias relativas y acumuladas.

20. Conjunto de datos: 20,22,24,26,28,30,32,34,36,38.

Calcula la media, mediana, moda, varianza, desviación estándar, rango, y construye una tabla de frecuencias con frecuencias relativas y acumuladas.

PROBABILIDAD

DATO HISTORICO PROBABILIDAD "Pierre-Simon Laplace":

Pierre-Simon Laplace nació en 1749 y murió en 1827 fue un matemático y astrónomo francés, que ha sido de gran influencia en el desarrollo de la probabilidad y la estadística. Su trabajo es la base de la probabilidad actual.

Los trabajos más importantes fueron, la Teoría de la Probabilidad y el Teorema de Bayes, este último teorema es de Thomas Bayes, pero fue Laplace quien lo popularizó. Aportó aportaciones al cálculo de distribución Normal, que era un desarrollo de Gauss, al que el ayudaría a dar forma. Fue quien dio forma a la ley de los grandes Números (Jacob Bernouilli), Laplace trabajó en la ley de los grandes números, que establece que a medida que el número de experimentos u observaciones aumenta, la media de los resultados observados se aproxima a la media esperada. Esta ley es fundamental en la teoría de probabilidades y en la estadística.

Una vez Napoleón Bonaparte le preguntó a Laplace sobre el papel de Dios en las leyes del universo, Laplace le respondió: "No he necesitado esa hipótesis". No estaba muy de acuerdo en recurrir a Dios para explicar el universo.

La probabilidad es la posibilidad de que ocurra un suceso determinado. Es una medida que se expresa en tanto por uno, es decir un número entre 0 y 1, su valor cuanto más se acerca al 1 hace que ese suceso tenga más posibilidades de ocurrir.

Elementos que se deben entender cuando se habla de probabilidad:

1. Espacio Muestral (E): Es el conjunto de sucesos de un experimento aleatorio.

2. Probabilidad de que ocurra cierto suceso del espacio muestral, se imaginará un suceso A P(A): Es un número entre 0 y 1 que indica la posibilidad de que ocurra el suceso A.

- P(A)=0 suceso imposible.

- P(A)=1 suceso seguro.

- 0<P(E)<1: El suceso tiene una posibilidad entre ninguna y completa de ocurrir.

El cálculo de probabilidad se basa en la Ley de Laplace:

$$P = \frac{casos\ favorables}{casos\ posibles}$$

Sabiendo que la probabilidad total es 1, la probabilidad de un suceso contrario a otro suceso será:

$$\bar{P} = 1 - P$$

Tipos de Probabilidad:

Sucesos compatibles: son aquellos sucesos en los que un mismo suceso puede pertenecer a dos sucesos, hay intersección de sucesos.

Sucesos incompatibles: son los sucesos en los que no hay intersección, un suceso no puede pertenecer a otro.

Ejemplo de suceso compatible:

Imaginando un dado de 6 caras si P(A) = sacar un numeró par y P(B) = sacar un número >4, los sucesos son compatibles, como se muestra en el diagrama de Ven (diagrama que representa la probabilidad).

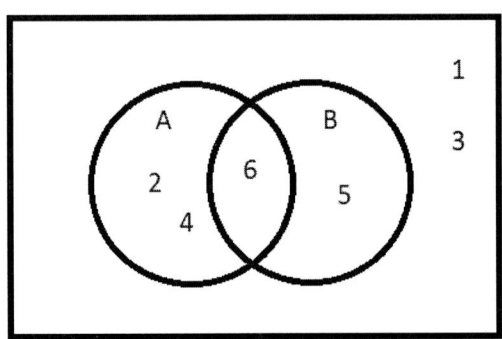

Ejemplo de suceso incompatible:

Imaginando un dado de 6 caras si P(A) = sacar un numeró par y P(B) = sacar un impar >3, los sucesos son incompatibles, como se muestra en el diagrama de Ven.

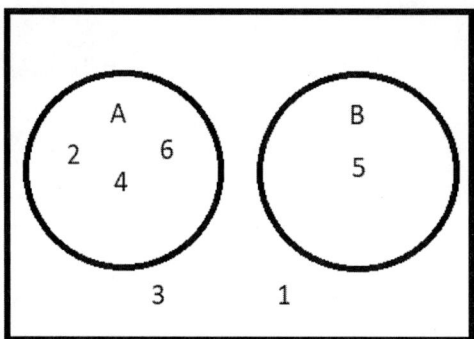

Es muy importante comprender los diagramas de Ven, para luego entender las fórmulas y poder calcular las probabilidades de la unión, intersección, probabilidades contrarias, etc.

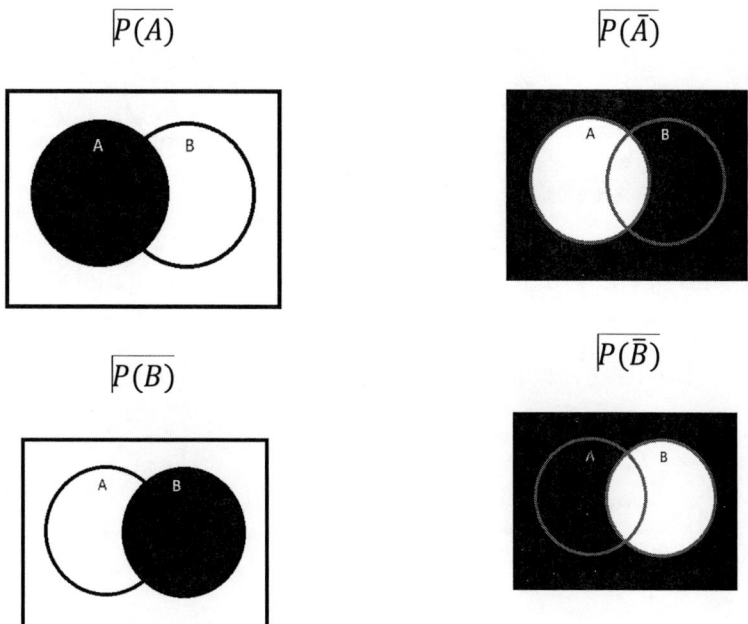

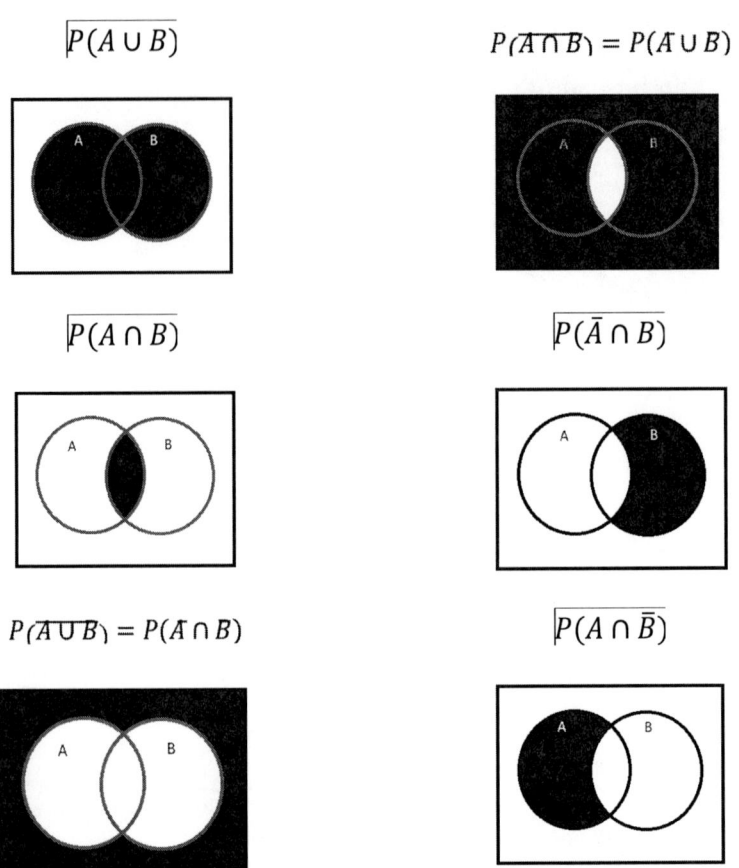

$$\overline{P(A \cup B)} \qquad\qquad P\overline{(A \cap B)} = P(\overline{A} \cup \overline{B})$$

$$\overline{P(A \cap B)} \qquad\qquad \overline{P(\overline{A} \cap B)}$$

$$P\overline{(A \cup B)} = P(\overline{A} \cap \overline{B}) \qquad\qquad \overline{P(A \cap \overline{B})}$$

Las ecuaciones que hay que aprender para calcular la probabilidad son las siguientes:

$$Sucesos\ Incompatibles\ P(A \cup B) = P(A) + P(B)$$

Sucesos compatibles:

$$P(A \cup B) = P(A) + P(B) - P(A \cap B)$$

$$P(\overline{A}) = 1 - P(A)$$

$$P(\overline{B}) = 1 - P(B)$$

$$Leyes\ de\ Morgan \begin{cases} P\overline{(A \cap B)} = P(\overline{A} \cup \overline{B}) \\ P\overline{(A \cup B)} = P(\overline{A} \cap \overline{B}) \end{cases}$$

$$\overline{P(\bar{A} \cap B)} = P(B) - P(A \cap B)$$

$$\overline{P(A \cap \bar{B})} = P(A) - P(A \cap B)$$

Probabilidad condicionada, es la probabilidad que ocurra un suceso sabiendo que ha ocurrido otro.

$$P(A/B) = \frac{P(A \cap B)}{P(B)} \quad \textit{Probabilidad que ocurra A sabiendo que ha ocurrido B}$$

Condición que indica cuando un suceso es dependiente o independiente:

Si $\overline{P(A \cap B) = P(A) \cdot P(B)}$ el suceso será independiente.

Si $\overline{P(A \cap B) \neq P(A) \cdot P(B)}$ el suceso será dependiente.

Un suceso es dependiente siempre que ese suceso necesite que ocurra el otro. Un suceso independiente no necesita que ocurra el otro suceso.

Ejercicios propuestos de probabilidad:

1. Si lanzas una moneda al aire 5 veces, ¿cuál es la probabilidad de obtener exactamente 3 caras?

2. En una baraja estándar de 52 cartas, ¿cuál es la probabilidad de sacar una carta de corazones?

3. Si lanzas un dado de seis caras, ¿cuál es la probabilidad de obtener un número impar?

4. En una urna hay 3 bolas rojas, 2 bolas verdes y 5 bolas azules. Si sacas una bola al azar, ¿cuál es la probabilidad de que sea verde?

5. Si lanzas dos dados de seis caras, ¿cuál es la probabilidad de obtener una suma de 8?

6. En una baraja de 52 cartas, si ya has sacado una carta de trébol, ¿cuál es la probabilidad de que la siguiente carta también sea de trébol?

7. En una urna hay 4 bolas rojas y 6 bolas negras. Si sacas una bola negra y no la devuelves a la urna, ¿cuál es la probabilidad de que la siguiente bola sea roja?

8. Si un dado está trucado de manera que el 6 tiene el doble de probabilidad de salir que cualquier otro número, ¿cuál es la probabilidad de obtener un 6?

9. Si lanzas una moneda y un dado, ¿cuál es la probabilidad de obtener cara en la moneda y un 4 en el dado?

10. En una urna con 5 bolas rojas y 5 bolas azules, si sacas una bola y luego otra sin reemplazo, ¿cuál es la probabilidad de que ambas sean rojas?

11. En una caja hay 10 bolas numeradas del 1 al 10. Si sacas una bola al azar, ¿cuál es la probabilidad de que el número sea par?

12. Si lanzas tres monedas al aire, ¿cuál es la probabilidad de obtener al menos una cara?

13. En una baraja estándar de 52 cartas, ¿cuál es la probabilidad de sacar un rey o un corazón?

14. En una escuela, el 60% de los estudiantes son chicas y el 40% son chicos. El 70% de las chicas y el 50% de los chicos participan en actividades extracurriculares. Si un estudiante es elegido al azar y participa en actividades extracurriculares, ¿cuál es la probabilidad de que sea una chica?

15. Si lanzas un dado 4 veces, ¿cuál es la probabilidad de obtener exactamente dos 5?

16. Si tienes 3 camisetas y 4 pantalones, ¿cuántas combinaciones diferentes de vestimenta puedes formar?

17. En un concurso, hay 8 preguntas de opción múltiple con 4 posibles respuestas cada una. ¿Cuál es la probabilidad de acertar todas las respuestas si eliges al azar?

18. ¿Cuántas formas hay de organizar las letras de la palabra "PROBABILIDAD"?

19. ¿Cuántas formas hay de elegir 3 bolas de una urna que contiene 5 bolas rojas y 3 bolas verdes?

20. En un juego de lotería, debes elegir 6 números de un conjunto de 49. ¿Cuál es la probabilidad de acertar todos los números?

21. En una empresa, el 30% de los empleados son ingenieros y el 70% son técnicos. El 50% de los ingenieros y el 20% de los técnicos tienen más de 5 años de experiencia. Si un empleado tiene más de 5 años de experiencia, ¿cuál es la probabilidad de que sea ingeniero?

22. En una clase de 30 estudiantes, 18 tienen un hermano y 12 no. Si seleccionas a un estudiante al azar, ¿cuál es la probabilidad de que tenga un hermano?

23. En una bolsa hay 10 caramelos, 3 de fresa, 4 de limón y 3 de menta. Si sacas dos caramelos sin reemplazo, ¿cuál es la probabilidad de que ambos sean de fresa?

24. Un equipo de fútbol tiene 12 jugadores. ¿Cuántas maneras hay de elegir a 11 jugadores para formar el equipo titular?

25. Si lanzas dos dados de seis caras, ¿cuál es la probabilidad de que al menos uno de ellos sea un 3?

26. En un examen de opción múltiple con 4 respuestas posibles por pregunta, ¿cuál es la probabilidad de acertar una pregunta si respondes al azar?

27. En una caja hay 5 bolas blancas, 4 rojas y 3 azules. Si sacas dos bolas al azar sin reemplazo, ¿cuál es la probabilidad de que sean del mismo color?

28. En una clase de 20 estudiantes, ¿cuál es la probabilidad de que al menos dos estudiantes compartan el mismo cumpleaños?

29. En una baraja estándar de 52 cartas, ¿cuál es la probabilidad de sacar dos cartas consecutivas que sean ases?

30. Si lanzas un dado y una moneda al aire, ¿cuál es la probabilidad de obtener un número mayor que 4 en el dado y cara en la moneda?

Soluciones:

1. 31.25% (0.3125)

2. 25% (0.25)

3. 50% (0.5)

4. 20% (0.2)

5. 13.89% (0.1389)

6. 25/51 (aproximadamente 0.4902)

7. 4/9 (aproximadamente 0.4444)

8. 2/7 (aproximadamente 0.2857)

9. 1/12 (aproximadamente 0.0833)

10. 2/9 (aproximadamente 0.2222)

11. 50% (0.5)

12. 87.5% (0.875)

13. 4/13 (aproximadamente 0.3077)

14. 63.64% (0.6364)

15. 19.75% (0.1975)

16. 12 combinaciones

17. 0.0000152588 (1.52588 x 10^-5)

18. 39916800 formas

19. 10 formas

20. Aproximadamente 1.22 x 10^-7

21. 34.88% (0.3488)

22. 60% (0.6)

23. 3/45 (aproximadamente 0.0667)

24. 12 maneras

25. 11/36 (aproximadamente 0.3056)

26. 25% (0.25)

27. 7/33 (aproximadamente 0.2121)

28. Aproximadamente 41.14% (0.4114)

29. 0.004524 (0.4524%)

30. 1/6 (aproximadamente 0.1667)